大夏书系·语文之道

Fanpuguizhen Jiao Yuwen

返璞归真教语文

文本的艺术分析

赵希斌 著

华东师范大学出版社

上海著名商标

ECNUP

全国百佳图书出版单位

目　录
CONTENTS

前　言

　　语文课文分为两类，一类是非文学性文本，另一类是文学性文本，包括诗歌、散文、小说、戏剧等。本书探讨如何对文学性文本进行艺术分析。

　　艺术是表现美的，是人类高贵的精神活动，文学是艺术的一个品类，语文教育因文学的存在而极富光彩。王国维在《论哲学家与美术家之天职》里说："今夫人积年月之研究，而一旦豁然悟宇宙人生之真理，或以胸中惝恍不可捉摸之意境，一旦表诸文字、绘画、雕刻之上，此固彼天赋之能力之发展，而此时之快乐，决非南面王之所能易者也。"[1] 艺术家的艺术天赋得以施展能得到无与伦比的大快乐，而一个人能够欣赏好的艺术作品，也是极大的幸事！朱光潜在《文学与人生》中写道：[2]

　　一般人嫌文学无用，近代有一批主张"为文艺而文艺"的人却以为文学的妙处正在它无用。它和其他艺术一样，是人类超脱自然需要的束缚而发出的自由活动。比如说，茶壶有用，因能盛茶，是壶就可以盛茶，不管它是泥的瓦的扁的圆的，自然需要止于此。但是人不以此为满足，制壶不但要能盛茶，还要能娱目赏心，于是在质料、式样、颜色上费尽机巧以求美观。……人不惮烦要做这种无用的自由活动，才显得人是自家的主宰，有他的尊严，不只是受自然驱遣的奴隶；也才显得他有一片高尚的向上心。

　　路遥的小说《平凡的世界》中有这样一段描写：

---

① 周锡山编校：《王国维文学美学论著集》，北岳文艺出版社 1987 年版，第 36 页。
② 朱光潜：《朱光潜全集（第四卷）》，安徽教育出版社 1988 年版，第 159 页。

有一次他（指主人公孙少平，本书作者注）去润生家，发现他们家的箱盖上有一本他妈夹鞋样的厚书，名字叫《钢铁是怎样炼成的》……他一下子就被这书迷住了。……保尔·柯察金，这个普通外国人的故事，强烈地震撼了他幼小的心灵。

天黑严以后，他还没有回家。他一个人呆呆地坐在禾场边上，望着满天的星星，听着小河水朗朗的流水声，陷入了一种说不清楚的思绪之中……他突然感觉到，在他们这群山包围的双水村外面，有一个辽阔的大世界。而更重要的是，他现在朦胧地意识到，不管什么样的人，或者说不管人在什么样的境况下，都可以活得多么好啊！在那一瞬间，生活的诗情充满了他十六岁的胸膛。他的眼前不时浮现出保尔瘦削的脸颊和他生机勃勃的身姿。他那双眼睛并没有失明，永远蓝莹莹地在遥远的地方兄弟般地望着他。

是文学，让这个在困苦中挣扎的少年体验到崇高美，看到了"一个辽阔的大世界"，让他有了精神的陪伴，让他知道他也可以活得更好！文学使心灵得到自由活动，情感得以健康地宣泄和怡养，精神得到完美的寄托，超脱现实世界所难免的秽浊而徜徉于纯洁高尚的意象世界，知道人生永远有更值得努力追求的东西在前面。[①]

文学表现美，同时蕴含着真和善。文学之美是真与善的聚合物，真和善是高贵之王——美——的两位贤明的臣佐。我们追求真，追求善，都是为了美化人生；我们得到了美，也就得到真和善了！[②] 亲近文学能让学生获得最丰厚、最优质的精神滋养。基础教育阶段学生身心发展最为迅速，他们不仅要获得知识技能，还要形成价值观和审美品味。学生需要从庄子那里看到任运自洽的闲适，从李白那里看到狂放飘逸的人生，从杜甫那里看到沉郁顿挫的情怀，从陶渊明那里看到质性自然的回归，从曹雪芹那里看到空悲警幻的世界，从鲁迅那里看到冷峻深刻的思考……学生因此而获得生命的启示、愉

---

① 朱光潜：《朱光潜全集（第四卷）》，安徽教育出版社 1988 年版，第 182-183 页。
② 钱谷融：《真善美的统一》，载《散淡人生》，上海教育出版社 2001 年版，第 68 页。

悦的美感、情感的寄托。基础教育阶段要充分利用语文课给予学生高质量的文学教育，为学生打下良好的审美基础，让学生在其一生中都可以从文学中获得力量、获得美的感受。

文本分析包括三方面的任务：内容分析、形式分析、背景分析。[①] 笔者在2014年出版的《正本清源教语文：文本的内容分析策略》——聚焦文本的内容分析——与本书是姊妹篇，本书聚焦文本的艺术分析，即对文本的形式进行分析，这对学习文学性文本意义重大。一个真正懂得欣赏足球的人，绝不会满足于只知道一场精彩球赛的结果，球员在比赛过程中展现的高超技艺让他如痴如醉，让他感受到强烈的愉悦！竞技运动与文艺活动具有观赏性，根本原因是运动员及文艺工作者展现了高超的能力与技巧，这需要天赋加上长期的探索和实践，体现了从业者对竞赛或文艺表现规律的把握，其中所蕴含的智慧、勇气和努力让我们看到人类在某个领域能够达到的高度，这值得欣赏，让我们感到欣喜。因此，对于一部好的文学作品，不能只分析其思想内涵，还要关注作家高明的写作技法，正是通过这些技法，作家说出了我们说不出的话，表达了我们表不出的情，对文本的写作技法进行分析使文学阅读成为一个欣赏的过程，这带给学生美的享受。

文本的艺术分析关注两个方面：一是知其然——文本表现了怎样的美；二是知其所以然——作者通过怎样的艺术手法表现美。基于此，本书分为两辑：文本的美感分析和文本的形式分析。本书尝试将理论分析与教学实践相结合——清晰的理论框架配以以中小学课文为主的丰富案例，并用文本框将相关教学提示呈现出来。

语文教学是一个浩瀚无垠的领域，世界上任何一本书都是从某个角度、某个局部探讨语文教学的相关问题，而且每位教师面对的教学对象和所处的教学环境都有差异。因此，每一本书，包括本书，都只能起到提示的作用，教师仍然要根据这些提示参考更多的资料，作更多的思考。

---

① 赵希斌：《正本清源教语文：文本的内容分析策略》，华东师范大学出版社2014年版，前言第4页。

写作这本书对我来说是一个有趣的探究，也是一项艰苦的工作。进行文本的艺术分析需要整合文学、美学、教育学、教育心理学、语文教学论等多方面的知识，这对我来说是一个巨大的挑战，本书一定有很多不及之处。不揣谫陋，我希望藉这本书向各位读者、同行讨教，诚恳地希望得到各位的评价与指正。

赵希斌

2016.6

第一辑

文本的美感分析

- 文学因表现美、具有审美价值而成为艺术，对文本进行艺术分析就要引导学生发现、理解、欣赏文本的美。

- 文学作品蕴含三个层面的美：听觉快感、精神愉悦、心灵快慰。

- 听觉快感源自语言的音韵美，帮助学生了解音韵的源起，理解和欣赏音韵表现的规律。

- 精神愉悦源自文本中的求真向善、思索的乐趣、生命的邂逅与感动。引领学生从文本中发现作者对这个世界思索，为在文本中领略到一个新世界而欣喜。

- 心灵快慰源自发现世界真相和人生意义而生发的领悟和快乐。引领学生从展现儒家仁义、道家自然无为、佛家禅意的文字中获得心灵快慰。

- 文学文本展现的美包括：喜悦美与伤感美、优美与壮美、熟稔美与新奇美、崇高美、悲剧美、幽默美等。帮助学生抓住每一种美的实质和关键表现，在真正的情感共鸣中体验文本的美。

在西方，18世纪40年代，查理斯·巴托在《论美的艺术的界限与共性原理》一书中作出一个意义深远的区分：将建筑、雕刻、绘画、音乐、舞蹈、戏剧、诗歌等纳入"美的艺术"范畴，从此，手工艺、科学都已不再是"艺术"，只有"美的艺术"（fine art）才是艺术了。他在文章中明确指出："七门艺术既同为艺术，就应该有统一的性质，这就是追求美。"[1] 在中国，文学最初

> 让学生从文学文本中获得美感是语文教学的重要目标，也是进行文本艺术分析的目标。

泛指一切文章，此时的文学还不能算作艺术，因为其审美属性并没有独立出来，也不是文章的核心价值。至魏晋时期，文学的审美属性正式确立，自此文学成为一个独立的艺术门类。李泽厚指出："尽管甲骨文（卜辞）、金文（钟鼎铭文）以及《易经》的某些经文、《诗经》的雅（大雅）颂都含有具有审美意义的片断文句，但它们未必能算真正的文学作品……真正可以作为文学作品看待的，仍然要首推《诗经》中的国风和先秦诸子的散文。"[2] 因此，审美成为文学的本质属性与核心价值，这是文学成为一门独立艺术最重要的条件。李泽厚通过对比显示了文学艺术以表现美为核心的特点：[3]

	真	善	美
内　容	知　识	意　志	情　感
载　体	工艺技术、自然科学、社会科学	行为、制度、道德、人文学科	各类艺术
学科领域	认识论	伦理学	美　学
表现形式	描述语言，事实世界	指令语言，价值世界	感觉语言，心理世界

宗白华说："美是艺术的特殊目的。若放弃了美，艺术可以供给知识，宣扬道德，服务于实际的某一目的，但不是艺术了。"[4] 因此，美和艺术互为

---

① 转引自张法：《美学导论》，中国人民大学出版社2011年版，第6页。
② 李泽厚：《美学三书》，安徽文艺出版社1999年版，第60-61页。
③ 同上，第449页。
④ 宗白华：《美学散步》，上海人民出版社2005年版，第12页。

本质，一件作品不能表达美，它就不是艺术；同样，没有艺术，人类将缺失最重要的美感的来源。艺术如果是"器"，美和审美就是"用"，艺术呈现了美，是美感的来源、审美的载体，而美和审美催生了艺术并成为艺术的核心价值，文学因传递美，表达美，蕴含美，给人以美感而成为艺术。文本的艺术分析首先是审美分析——一个文学文本有多美，它的艺术价值就有多高。

> 懂得审美是学习文学性文本最重要的目标。

001 美感的内涵与层次

李泽厚提出审美有三个层次："悦耳悦目""悦心悦意""悦志悦神"。[①]与此对应，我们将文学的美界定为三个层次：听觉快感、精神愉悦和心灵快慰。

听觉快感

张承志在《初逢＜钢嘎·哈拉＞》里记述了他第一次听到古老的蒙古长调时的心情：[②]

> 从以下三个层面引导学生感悟文本的美：听觉快感、精神愉悦、心灵快慰。

我清楚地记得当时我拿笔的手颤抖了。我强压着激动使劲写着，偏偏钢笔水又冻住了，只好凑到炉火上去烤……等我好不容易记下来这首歌时，我觉得手臂和脑袋都又酥又麻，只是胸中从此增添了一支神奇的、诱惑了我长达十多年的深沉旋律。

---

① 参见李泽厚：《美学三书》，安徽文艺出版社 1999 年版，第 536-546 页。
② 张承志：《清洁的精神》，中信出版社 2008 年版，第 1 页。

作者不懂这首长调中的蒙古语，但他被这首歌深深地震撼，显然，通过听觉，这首歌的旋律打动了他。不仅是音乐，所有的艺术——包括文学——都必须借助"形象"传递情感、表达美。美的对象总是直接以其感性形象作用于人的感官而引起美感。听觉是文学审美的"第一关"，对此朱光潜写道：[①]

领悟文字的声音节奏，是一件极有趣的事。……我读音调铿锵、节奏流畅的文章，周身筋肉仿佛作同样有节奏的运动；紧张，或是舒缓，都产生出极愉快的感觉。如果音调节奏上有

> 引导学生体会字、词、句的音韵之妙最重要的标准——读起来、听起来是舒服的。

毛病，我的周身筋肉都感觉局促不安，好象听厨子刮锅烟似的。……我因此深信声音节奏对于文章是第一件要事。

这段话非常明确、生动地说明了文字音韵的重要性及其审美价值。老舍说："好文章不仅让人愿意念，还要让人念了，觉得口腔是舒服的"。[②]这种舒服就是听觉快感。语言学家王力引用朱自清的话："过去一般读者大概都会吟诵，他们吟诵诗文，从那吟诵的声调或吟诵的音乐得到趣味或快感，……感觉的享受似乎是直接的，本能的。"他强调，要利用语言形式美引起普遍的趣味和快感，让读者既能欣赏诗文的内容，又能欣赏诗文的形式。[③]叶圣陶在给王力的信中说：[④]

台从将为文论诗歌声音之美，我意宜兼及于文，不第言古文，尤须多及今文。今文若何为美，若何为不美，若何则适于口而顺于耳，若何

> 让学生在阅读、写作中发现、感受、表现文字的音韵美是语文教学的重要内容。

则仅供目治，违于口耳，倘能举例而申明之，归纳为若干条，诚如流行语所称大有现实意义。盖今人为文，大多数说出算数，完篇以后，惮于讽诵一二遍，声音之美，初不存想，故无声调节奏之可

① 朱光潜：《朱光潜全集（第四卷）》，安徽教育出版社 1988 年版，第 221 页。
② 老舍：《老舍文集（第十六卷）》，人民文学出版社 1991 年版，第 107 页。
③ 王力：《王力文集（第 19 卷）》，山东教育出版社 1990 年版，第 324-325 页。
④ 同上，第 324 页。

言。试播之于电台，或诵之于会场，其别扭立见。台从恳切言之，语人以此非细事，声入心通，操觚者必须讲求，则功德无量矣。

这段话揭示了感受文字的音韵美有双重价值：一是文字的音韵自身能带来愉悦的感受，即文本的形式美；二是学生感受文字的音韵美有助于学生亲近文本，更好地欣赏文本内容的美。下面从两个方面来分析文本的音韵美及其所带来的听觉快感。

第一，音韵的源起。

> 有意识地将音韵源起的知识用于感受和解释文字的音韵规律。

文字的音韵是如何形成的，与哪些因素有关？对此进行分析有助于学生更好地理解音韵的源起、表现及其价值。

- 情感的驱动

远古人类的"语言"与动物的本能呼叫极其相似，痛苦、愤怒、欣慰、欢乐等情绪驱动人本能地发出声音。在人类的语言里，至今还可以发现这种初始语言的痕迹——感叹词和摹声词——语言是从表达情感的自然发声演变而来的。[1] 王安石曾写道："物生而有情，情发而为声，……人声为言，述以为字。"郭沫若在《论诗三札》中说："诗之精神，在其内在之韵律，内在韵律并不是平上去入，高下抑扬，强弱长短，宫商徵羽；也不是什么双声叠韵，什么押在句中的韵文！这些都是外在的韵律或有形律，内在的韵律便是情绪的自然消涨，……内在韵律诉诸心而又诉诸耳。"[2]《乐记》同样阐明：

> 澄清文本的情感内涵，帮助学生在文字的音韵和文字的情感之间建立关联。

"凡音之起，由人心生也。人心之动，物使之然也。感于物而动，故形于声。"不同的发音与内在情感紧密关联："是故其哀心感者，其声噍以杀；其乐心感者，其声啴以缓；其喜心感者，其声发以散；其怒心感者，其声粗以厉；其敬心感者，

---

① 姚小平：《赫尔德的名著〈论语言的起源〉》，《外语与外语教学》1997 年第 3 期，第 54 页。
② 郭沫若：《文艺论集》，人民文学出版社 1979 年版，第 204-205 页。

其声直以廉；其爱心感者，其声和以柔。六者非性也，感于物而后动。"对于我们当前普遍使用的四声调值，古人早将其与具体的情感对应起来："平声哀而安，上声厉而举，去声清而远，入声直而促。"（唐释处忠《元和韵谱》）"平声平道莫低昂，上声高呼猛烈强，去声分明哀远道，入声短促急收藏。"（明真空《玉钥匙门法歌诀》）。人教社《高中语文选修：中国古代诗歌散文欣赏》第三单元提示："中国古代诗人在创作时，大多是因情选词，按词定韵。作者用什么样的韵脚，对诗的情感基调影响较大。一般说来，韵字开口度越大者，越容易表现昂扬之情；开口度小、音阻大者，则易与凄婉之情吻合。平声韵合于慷慨之意，仄声韵合于悲抑之情。"这些材料都说明，教学时一定要将语言的律动与其情感内涵对应起来，引导学生在文字的音韵和文字的情感之间建立关联。语文教学中有感情的朗读不要追求形式化的抑扬顿挫、摇头晃脑，而要基于真正的情感共鸣，自然地用音韵表达情感，换言之，有感情的朗读是由真挚的情感驱动的。

• 歌唱的基因

路遥的小说《平凡的世界》中，主人公的奶奶一想到她的孙子被枪打死了（她的猜想），就在炕上放开声哭了："我那苦命的安安啊！我那没吃没喝的安安啊！我那还没活人的安安啊！叹——哟哟哟哟哟……"可以想象，奶奶一定是把这段话唱出来的，这段文字蕴含着歌唱的律动，显示了语言的律动与歌唱关系密切。

原始的审美意识和艺术创作起源于巫术礼仪活动，这一观点已普遍得到认可。后世的诗歌、音乐、舞蹈在远古完全被糅合在巫术礼仪活动中，所以把礼、乐并举，也反映原始歌舞（乐）和巫术礼仪（礼）在远古是由二而一的东西。世界各国、各民族最初的文学形式都是诗歌，诗、歌最初是一体的，诗就是歌的词，这也说明诗这种最早的文学形式起源于歌唱。《诗经》《楚辞》《汉乐府》是中国文学中典型的诗、歌综合体。《诗经》是四言诗体，《楚辞》则以六言

> 教师要重视文本尤其是古诗辞的歌唱性，发现与欣赏文字中蕴含的音乐律动与音乐美。

为主，这都不是平常说话的语式，而是音乐形态下歌唱的形态。《诗经》原本就是一部乐歌集，保留着原始诗歌诗、乐、舞三位一体的特色。《楚辞·离骚》等篇章将"兮"大量用在句子中间，起着不可或缺的舒缓节奏、凝重语气的作用。楚辞作品结尾部分总有"乱"辞，即尾声，也就是乐曲的结束曲，此外还有"少歌"和"倡"。[①]汉武帝重建乐府，采集民间歌谣或文人的诗来配乐，以供朝廷祭祀或宴会时演奏之用，这些诗歌被称为乐府诗，明显具有歌唱的属性。

语言的音乐性不但在古诗辞中存在，在现代的散文乃至小说中也有体现。例如，有研究者分析了老舍的小说《骆驼祥子》的文字显现的"音乐美"：[②]

虎妞很高兴（仄）。她张罗着煮元宵（平），包饺子（轻声），白天逛庙（仄），晚上逛灯（平）。几个语段的句尾依次是"仄平轻仄平"，平仄呼应，在音调上有两次起伏，听着自然舒服。……论句式，这几句都很短，节奏急促，再加上平仄的起伏，与虎妞的忙乎劲儿、兴奋劲儿完全相合。再仔细看，这儿还用了两对排偶："煮元宵"（仄平平）和"包饺子"（平仄仄），"白天"（平平）和"晚上"（仄仄），词义和平仄对仗很工，使音乐性与情绪表现得更完

> 引导学生自然地将歌唱的情意投射到文本上，欣赏文本的音乐性并从中获得深切的感动。

美。再看写祥子忍无可忍从杨家辞了工出来时的那一段："初秋的夜晚（仄），星光叶影里阵阵的小风（平），祥子抬起头（平），看着高远的天河（平），叹了口气（仄）。他的胸脯又是那么宽（平），可是他觉到空气仿佛不够（仄），胸中非常憋闷（轻）。"这两句节奏比较舒缓。此时祥子一个人走在秋夜的大街上，茫然无望。第一长句当中几个句尾是"仄平平平仄"，从"仄"起，最后又落在去声"气"上。第二句三个句尾先是"平"，后边一个降调，一个轻声。为什么这么安排？那是因为祥子心情不好。

---

① 李山：《楚辞选译》，中华书局 2005 年版，前言第 1-2 页。
② 范亦毫：《"悦耳的"老舍》，《盐城师范学院学报（人社版）》2003 年第 2 期，第 51-55 页。

这个例子不仅展示了文字的韵律，也显现了文字音韵与情意的关联。我们在日常生活中如果心情愉悦，就会不由自主地哼起来，心情沉重悲伤的时候也会像孙少平的奶奶一样用哀伤的调子低吟。教师要引导学生自然地将歌唱的情意投射到文本上，体会文字的音乐性并从中获得深切的感动。

- 实践的产物

恩格斯在《劳动在从猿到人转变过程中的作用》一文中说，语言、思维、人、人类社会是同时产生的，语言是人们在劳动中由于交际的需要和劳动一起产生的。劳动是上古人类最基本的生活现实，诗歌便从这里生发。最原始的歌唱常常是对同一呼声或同一言词的重复，最初萌芽形态的诗歌应当就是劳动歌。

> 引导学生体会现实生活中的言语自然存在的音律，理解这种音韵律的实际作用。

《淮南子·道应训》讲："今夫举大木者，前呼'邪许'，后亦应之，此举重劝力之歌也。"这里说的"邪许"是劳动号子，是伴着劳动节奏而生发出来的歌呼。这"邪许""邪许"的歌呼为诗歌提供了节奏要素。闻一多推断："想象原始人最早因情感的激荡而发出有如'啊''哦''唉'或'呜呼''噫嘻'一类的声音，……也是孕而未化的语言。"[①]上古的劳动歌谣在生活中随时产生，普列汉诺夫在《艺术论》中说："原始部落那里，每种劳动有自己的歌，歌的拍子总是十分精确地适应于这种劳动所特有的节奏。"

在生活实践中，人们自然而然地以某种发音方式满足各种生理、心理需求，以文字的形式表现出来就成为文本中的音韵。实际生活中许多场景下都有音韵表现，如船工号子、人们齐心协力抬重物、运动比赛、街头叫卖、杂耍吆喝、民间说唱、电视广告、演讲、宗教祷告、纪念仪式等等。中学课文，萧乾的《吆喝》中有一段对乞丐吆喝的描写：

至今我还记得一个乞丐叫得多么凄厉动人。他几乎全部用颤音。先挑高

---

① 刘晓峰：《进化心理学视野下的语言起源观》，《徐州师范大学学报》2008 年第 5 期，第 50-52 页。

了嗓子喊"行好的——老爷——太（哎）太"，过好一会儿（好像饿得接不上气儿啦），才接下去用低音喊："有那剩饭——剩菜——赏我点儿吃吧！"

这吆喝可看作一种"职业行为"，吆喝的音韵与乞讨行为的目的是匹配的。教师要引导学生注意观察现实生活中言语蕴含的音韵，在生活实践的背景中分析这些音韵的表现形式及其价值。

- 发音的规律

一个外国人非常动情地念唐诗，听者很有可能没被感动反而会觉得有些

> 参考文学理论、文学批评中关于音韵规律的总结，更有针对性地引导学生体会文本的音韵美。

可笑，唱歌时的走音或跑调都会让人觉得刺耳，这说明字句的音律会直接影响人们的听觉感受。对于文学来说，对每个字、词、句的发音都要调配得当。明代戏曲家王骥德说："句子长短平仄，须调停得好，令情义婉转，音调铿锵，虽不是曲，却要美听。"声音有四个特性：音高、音长、音强、音色，正是这四种特性的安排与配合，使得文字听（读）起来悦口悦耳，能给人带来美好听觉感受的文字正是这四个要素合理乃至巧妙组合的结果。古人从长期的文学创作实践中，总结出了"平平仄仄平平仄""仄仄平平仄仄平"一类的声律模式，正是为了愉悦人们的听觉，因为这样的调式听起来是优美的。

对发音规律的总结古已有之，如沈约在《宋书·谢灵运传》中写道："夫五色相宣，八音协畅，由乎玄黄律吕，各适物宜。欲使宫羽相变，低昂互节，若前有浮声，则后须切响。一简之内，音韵尽殊；两句之中，轻重悉异。妙达此旨，始可言文。"中国律诗更是将合辙押韵作为古诗写作的一个基本要求。例如，被闻一多先生誉为"诗中的诗，顶峰上的顶峰"的《春江花月夜》，一千多年来使无数读者为之倾倒，《唐诗鉴赏辞典》对此诗的韵律进行了解读：[①]

———————————

① 参见上海辞书出版社《唐诗鉴赏辞典》中张若虚的条目。

全诗共三十六句，四句一换韵，共换九韵。以平声庚韵起首，中间为仄声霰韵，平声真韵，仄声纸韵，平声尤韵、灰韵、文韵、麻韵，最后以仄声遇韵结束。诗人把阳辙韵与阴辙韵交互杂沓，高低音相间，依次为洪亮级（庚、霰、真）——细微级（纸）——柔和级（尤、灰）——洪亮级（文、麻）——细微级（遇）。全诗随着韵脚的转换变化，平仄的交错运用，一唱三叹，前呼后应，既回环反复，又层出不穷，音乐节奏感强烈而优美。这种语音与韵味的变化，又是切合着诗情的起伏，可谓声情与文情丝丝入扣，宛转谐美。

需要强调的是，中小学教学中不宜将这些发音规律作为知识灌输给学生，重要的是引导学生在阅读时感受文字发音的"舒服"，为学生体验文字的音韵美奠定基础。

第二，音韵的表现形式。

基于汉语语音系统自身的特点，汉语的音韵规律主要表现在以下几个方面。

音顿律。相等音节或相等音步有规律的交替出现形成音顿律。表现音顿律最明显的是诗歌，特别是等言体诗歌。如杜甫的《恨别》：洛城／一别／四千／里，胡骑／长驱／五六／年。草木／变衰／行剑／外，兵戈／阻绝／老江／边。现代文中的偶句排句也显示了音顿律。如："他吃饭捡剩的，穿衣服要旧的，擦脸油要不香的，看电影要不洋的。"

平仄律。声调阴阳上去（或称平仄相对）二元对立形成平仄律。不光律诗中有严格的平仄要求，就是散文、口语中，也有声调的搭配，读来更上口。如："我想等，你赶也赶不掉；我不想等，你拉也拉不牢。"再如："西梅农生前是个无节制的人，写了太多的书，说了太多的谎。"

声韵律。声韵母的异同对立形成声韵律。声韵律最典型的表现是诗歌中的押韵。中国古代的"对对子"训练，就是典型的对声韵律的学习。在现代文中声韵配合也很重要，如："天上下雨地下流，小两口打架不记仇，白天吃的一锅饭，晚上枕的一个枕头。"

长短律。长音列和短音列有规则地交替出现形成长短律。正如用哨子吹出的长短音："嚯——嚯——嚯嚯嚯嚯嚯"长短音交错使用，整句散句互相交替，这样可使文气有张有弛，所表达的语意也会有轻有重，从而增强了语言的音韵美。如："小草偷偷地从土里钻出来，嫩嫩的，绿绿的。园子里，田野里，瞧去，一大片一大片满是的。坐着，躺着，打两个滚，踢几脚球，赛几趟跑，捉几回迷藏，风轻悄悄的，草软绵绵的。"

快慢律。音节所需时值的长短形成对比，快语速与慢语速的交替出现形成快慢率。语速是产生节奏效果的关键，快慢语速的对比交替反映了思想感情的起伏变化。如："你看，你看！叫你别动别动，你一定要动，现在怎么样？"（画线字语速快，加点字语速慢）快语速表现说话人着急、激动的心情，慢语速则表现出说话人面对既成事实无可奈何的样子。

重轻律。重音轻音有规律地交替出现形成重轻律。如：暮春三月，江南草长，杂花生树，群莺乱飞。见故国之旗鼓，感平生于畴日，抚弦登陴，岂不怆恨！（丘迟《与陈伯之书》，加点字重读，画线字轻读）文字发音轻重交替，表现了情感的起伏，而这是由复杂的情感驱动的，这样的文字才能以情动人。

抑扬律。句调高低变化，升扬调和降抑调有规律地交替出现形成抑扬律。抑扬律的运用使文句产生抑扬顿挫的节奏。如：我比巴萨尼奥还好一些↓，他为了求婚↑，背了一身债↓；我虽则一无所有↑，但债是不欠的↓。（《朱生豪传》）这样的语调抑扬相间，交替回环，读来非常悦耳，从而表现出说话人的幽默、坦荡和潇洒。

语言学家王力在《略论语言形式美》中从另一个角度总结了文字音韵美的三种表现：整齐的美、抑扬的美和回环的美，[①]可作为教学中引导学生体会文字音韵美的参考。他以贺敬之的《桂林山水歌》为例：

---

① 王力:《王力文集（第 19 卷）》，山东教育出版社 1990 年版，第 305-330 页。

云中的神啊，雾中的仙，

神姿仙态桂林的山！

情一样深啊，梦一样美，

如情似梦漓江的水！

这四行诗同时具备了整齐的美、抑扬的美和回环的美。

整齐的美主要表现为对偶和排比。对偶是平行的、长短相等的两句话，在文学中的具体表现就是骈体文和诗歌中的偶句；排比则是两句或两句以上平行的、长短相等或不相等的话。排比作为修辞手段是人类所共有的，对偶作为修辞手段却是由汉语的特点所决定的。

汉语的声调是客观存在的，利用声调的平衡交替来形成语言中抑扬的美是很自然的。前辈诵读古文，摇头晃脑，一唱三叹，逐渐领略到文章抑扬顿挫的妙处，自己写起文章来不知不觉地也就学会了古文的腔调。学生如果能够背诵一些典范白话文，涵泳其中，作文时抑扬顿挫的笔调，也是不召自来。

> 加强对诵读教学的指导，在诵读中指导学生将音韵及其所表达的情感联系起来，做到声情并茂。

回环，大致说来就是重复和再现。诗歌中同一个音在同一个位置上的重复叫做韵，韵在诗歌中就有一种回环的美。散文中也有韵，这样的例子不胜枚举，如《易经》和《老子》大部分是韵语，《庄子》等书中也有一些韵语。如果骈体文中间夹杂着散文叫做"骈散兼行"的话，散文中间夹杂着韵语也可以叫做"散韵兼行"。韵文如果只看不诵，就很容易忽略过去；如果多朗诵几遍，韵味就出来了。

王力强调，文字对人类文化的贡献很大，但不能忘记它始终是语言的代用品，我们要欣赏语言的形式美，必须回到有声语言来欣赏它。不但诗歌如此，散文也是如此。周振甫对此有同样的看法，他在《因声求气》中说：[1]

---

[1] 周振甫：《周振甫文集（第3卷）》，中国青年出版社 1999 年版，第 77-78 页。

从前人讲究诵读，从诵读声调的高下、缓急、顿挫、转折里面，可以体会到原文的声情，所以听了读书的声调，就可测知读者对原文的理解程度。……

古文的写作讲气，词句的短长与声调的高下，说话时的婉转或激昂，都是由气势决定的……读者则从言之短长与声之高下中去求气，得到了气，就能体会到作者写作时的感情，这就是因声求气。

因此，好文章一定要读出来，一定要将文字的音韵美展现出来。曾国藩在《家书·咸丰八年七月廿一日与纪泽书》中说："如《四书》《诗》《书》《易经》《左传》诸经，《昭明文选》、李杜韩苏之诗，韩欧曾王之文，非高声朗诵则不能得其雄伟之概，非密咏恬吟则不能探其深远之韵。"清人姚鼐说过："大抵学故文者，必要放声疾读又缓读，久而自悟，若但能默看，即终身作外行也是。"文章的音韵美一方面满足了感官愉悦，听着顺耳，读着顺口；另一方面，音韵还是表情达意的载体，与情意紧密关联。因此，进行语文教学时一定要加强学生的诵读训练，让学生能够因声求气，更好地理解文本的情意，同时欣赏文字的音韵美。

精神愉悦

朱光潜认为阅读中存在五种形式的"低级趣味"：第一是猎奇故事。所有的人生来就有好奇心，猎奇故事满足了人的好奇心，但文学要感动心灵，这恰是一般猎奇故事所缺乏的。第二是色情描写。爱情中有性，但对性的描写应体现美，绝不应以刺激性欲为目的。第三是黑幕描写。一般人爱在这些作品中寻看残酷、欺骗、卑污的事迹，所贪求的就是那一点强烈的刺激。第四是风花雪月的滥调。发现自然风景的美，进而"即景生情""因情生景""情景交融"，这是重要的文艺表现手法，但如果连篇累牍地尽是月露风云，不表现任何情感，文字将变得空洞腐滥。第五是口号教条。文艺在创作与欣赏中都是一种独立自主的境界，不是任何其他活动的奴属。存心要教训人的文字假文艺的美名，做呐喊的差役，没有艺术价值。① 这五种低级趣味的阅读中有四种都是满足感官刺激的需求。美起源于实用和感官愉悦，但感官愉悦不等于感官刺激，而且真正的美感超越了感官愉悦，只有进入精神和灵魂层面的快感才是美感。② 朝向感官刺激的阅读会败坏学生的欣赏品味，语文教学要给予学生富有精神美感的文学熏陶，让学生体验精神层面的愉悦，这种愉悦源于以下三个方面。

> 提高学生的审美品位，学生区分产生感官刺激的阅读和获得精神愉悦的阅读。

第一，求真向善。

求真向善是美的本质，文学作品因为表达真和善而具有审美价值。李泽厚对此解释道：

> 人类在改造客观自然界的社会实践中，要认识、掌握和运用自然规律。我曾把自然界本身的规律叫做"真"，把人类实践主体的根本性质叫做"善"。当人们的主观目的按照客观规律去实践得到预期效果的时刻，主体善的目的性与客观事物真的规律性就交会融合了起来。真与善、合规律性和合目的性的这种统一，就是美的本质和根源。③

真——基于作者的经验、思考和智慧，好的文学作品向我们呈现了一个真实的、蕴含着真理的世界，这是去伪存真、去粗取精、透过表象把握本质的结果。教师要带领学生感受并欣赏文本所描绘的自然、人及社会中所蕴含的事实、规律、真理，欣赏求真这种思维过程的魅力与价值。

> 引导学生在文学作品中发现真和善，这是精神愉悦的来源之一。

善——表达了人们的向往和价值追求，也是与恶斗争、远离恶的过程。向善所蕴含的勇气和力量让人们感到振奋，形成美的感受。教师要引导学生

---

① 朱光潜：《朱光潜全集（第四卷）》，安徽教育出版社 1988 年版，第 178-184 页。
② 李泽厚：《美学论集》，上海文艺出版社 1980 年版，第 12 页。
③ 李泽厚：《美学三书》，安徽文艺出版社 1999 年版，第 485 页。

在文学的形象世界中探索善的内涵，欣赏善的美好。

举例说来，《诗经·硕鼠》写道："硕鼠硕鼠，无食我黍！三岁贯汝，莫我肯顾。逝将去汝，适彼乐土。乐土乐土，爰得我所……"这首诗为什么有那么强大的生命力，千百年来一直给读者带来艺术的美感？最根本的原因就在于它所展现的求真向善。这首诗在问：为什么统治者可以不劳而获，霸占别人的劳动果实，而辛苦劳作的人们却要被统治、被剥削？提出这个问题、回答这个问题就是求真；诗人追求没有压迫剥削的乐土，表达了美好的向往，这就是求善。正是这样的思考和向往使我们超越本能的怨憎，从求真向善中生发精神的愉悦。再举一例，高中课文《老人与海》中有这样的描写：

> 对真和善的发现与理解需要整合历史、哲学等方面的知识，切忌空洞说教。

……这样做是一桩罪过（指杀死鲨鱼，本书作者注）。他想，别想罪过了吧。不想罪过，事情已经够多啦，何况我也不懂得这种事。……他想，你把鱼弄死不仅仅是为了养活自己，卖去换东西吃。你弄死它是为了光荣，因为你是个打鱼的。它活着的时候你爱它，它死了你还是爱它。你既然爱它，把它弄死了就不是罪过。不然别的还有什么呢？……他想，你倒很乐意把那条鲨鱼给弄死的。可是它跟你一样靠着吃活鱼过日子。它不是一个吃腐烂东西的动物，也不像有些鲨鱼似的，只是一个活的胃口。它是美丽的，崇高的，什么也不害怕。

《老人与海》凭借出色的动作和心理描写，呈现了一场惊心动魄的"人鱼之战"，但如果教师只让学生领略其中的惊险与刺激，就会沦为朱光潜所说的不高级的阅读。教师应当引导学生品味作品中的真与善，才能使其获得精神层面的美感。这个渔人不是一介莽夫，他有精神层面的追求和思考，这种思考多么矛盾又是多么痛苦啊！渔夫劝自己不要想这些复杂难解（甚至无解）的问题，却又禁不住要想这些问题，而且还想得那么细致：他觉得自己是一个打鱼的，把鱼弄死天经地义，可他又觉得这条鱼也是美丽的，也是有尊严的动物，自己有什么权力杀死它呢？他觉得杀死鱼是罪过，同时他又认为这是一个渔民的光荣；他认为自己是爱这条鲨鱼的，他为自己竟然要杀死它感到困惑，可他转念一想，既然爱它，杀死它就不是罪过了。渔夫思考的这些问题很重要，也很深刻！这不仅是他要思考的问题，也是我们整个人类都应该思考的问题。从生物学的角度看，作为食物链顶端的人类，杀死一条鱼作为食物有什么问题吗？可是，人不是被本能驱使的"动物"，人要通过求真向善为自己的行为、为自己与这个世界如何相处寻找一个合理的且让自己感到安然的解释。一个渔夫思考这些问题，表明他有一颗求真向善的心，这将引导一个人走向光明、正义而不致沉沦。正是在向真善之地挺进的过程中，人的精神在丰富、成长、蜕变，这给我们带来充实的美感。

第二，思索的乐趣。

如果求真向善是人类追求的目标，深入的思索就是实现目标的手段。文学是一种富有美感的、独特的思索方式。优秀文学作品的作者往往也是思想的大师，他们把自己对世界、对人生最深刻的思索以形象的方式呈现在世人面前，这样的作品因充满了思索的意味而富有魅力，值得我们反复品味。教师要给学生提

> 文学是独特的、富有美感的、对人生和世界的思考。

供丰富的、多样的解读文本的背景信息，鼓励学生开放地、灵活地、富有创造性地追寻并欣赏作品中值得思索的问题，这是一个充满发现的旅程，学生通过文学的思索看到真和善的美景，从而生发精神的愉悦。以高中课文《三块钱国币》为例，文本的关键情节：佣人李嫂打碎了吴太太的花瓶，吴太太一定要李嫂赔，逼着李嫂当掉自己的铺盖。杨长雄为李嫂打抱不平，与吴太太展开唇枪舌剑的辩论，下面是二人的一段对话：

杨长雄 ……我的意见是：一个娘姨打破了主人的东西，不应当赔，主人不应该要她赔。完了。

……

吴太太 花瓶是不是我的东西？

杨长雄 是的。

吴太太　是不是李嫂打破的？

杨长雄　是的。

吴太太　一个人毁坏了别人的东西，应该不应该赔偿？

杨长雄　应该赔偿。

吴太太　好了，还要说什么？

杨长雄　啊，别忙，别忙，你说的是毁坏了别人的东西，可是你不是别人啊！我问你，李嫂是不是你的佣人？

吴太太　是的。

杨长雄　佣人应该不应该替主人做事？

文学的思索需要理性和逻辑，更需要形象和情感的介入。

吴太太　当然。

杨长雄　你的花瓶脏了，你要不要她替你擦擦？

吴太太　要她擦擦，是的，可是我没有叫她打破啊。

杨长雄　……一个花瓶是不是有打破的可能？

吴太太　有的，谁可以把它打破？

杨长雄　是呀，谁可以把它打破？我请问你。

吴太太　花瓶的主人可以把它打破，拥有花瓶的人可以把它打破。

杨长雄　你这就错了，该有花瓶的人，不会把花瓶打破，因为他没有打破的机会。动花瓶的人，擦花瓶的人，才会把它打破。擦花瓶是娘姨的职务，娘姨是代替主人做事。所以娘姨有打破花瓶的机会，有打破花瓶的权利，而没有赔偿花瓶的义务。好了，还要说什么？

吴太太　胡说八道！

在这段对话前，杨长雄看到吴太太逼李嫂赔三块钱，还搜李嫂的身（只搜出三毛钱），便好言相劝："太太，何必呢？一只花瓶，没必要让她赔。"这让吴太太大为光火，不依不饶、啰里八嗦地不断奚落杨长雄，杨长雄忍无可忍，上面那段对话就是他对吴太太的反击。

杨长雄的争辩看起来是在胡搅蛮缠，在逻辑上有不少漏洞，有时确实是"胡说八道"。吴太太要李嫂赔打碎的花瓶，这有错吗？她虽然不是一个慈善的人，但她又错在哪里，坏在哪里？这是值得我们深入思考的问题。

这段对话的深意在于：一个热心人帮助一个可怜人，竟然只能用插科打诨、强词夺理的方式进行，而在所有人看来都不合情理的人和事，却稳稳地站在所谓正确的立场上。学习《三块钱国币》不能停留在对"吴太太们"的批判，而要朝向更深的思考——我们的社会规则合情合理吗？动物世界生存的法则是弱肉强食、适者生存，人类则通过法律、道德、习俗设立了种种规则，调节人与人之间的关系，可是这些规则还有很多漏洞，有时让人觉得很无力、很无奈。"吴太太们"被这些规则保护着，心安理得地享受这些规则赋予她们"应得"的一切，可是，另一部分人却因为这些规则在匮乏、困苦和绝望中挣扎。联系白居易的作品《观刈麦》，他在诗中刻画了农民艰辛的劳作，最后写道："今我何功德？曾不事农桑。吏禄三百石，岁晏有余粮，念此私自愧，尽日不能忘。"农民的艰辛并不是白居易造成的，他也没有侵占农民的物产，他为什么感到愧怍呢？作者为自己的人类同伴受苦感到难过和无奈，这还是一种近乎本能的反应，但当他提出疑问：为什么一个不事农桑的人丰衣足食，而艰辛劳作的人却生活困顿？这种"吾将上下而求索"的思考展现了人们朝向进步和光明的力量，这会让我们感受极大的精神愉悦。

第三，生命的邂逅与感动。

中学课文宗璞的《紫藤萝瀑布》，描写了作者与紫藤萝邂逅，被紫藤萝坚韧、蓬勃、光彩的生命感动，一扫积压在心上多日的阴霾。学生在赏析这篇文章的过程中与作者和紫藤萝有了邂逅，也必将和作者一样，从这邂逅所带来的生命感悟中获得美感。

精神的愉悦源自精神的成长，求真向善和深入的思索分别是精神成长的目标和手段，生命的邂逅与感动则是精神成长的载体——文学通过感动人而改变人。王蒙说："文学的特长是在于它发自作家的心灵深处，它关心着、感受着、理解着和表现着许多的人的命运和灵魂，从而打动着、潜移默化着千千万万读者的心，化为读者的内在的精神力量。"① 好的文学作品塑造了富有魅力的文学形象，这些形象无论是人还是物，都是有生命的，这些生命能给人带来深切的启发与感动。在本书前言里，我们描述了《平凡的世界》主人公孙少平与《钢铁是怎样炼成的》主人公保尔·柯察金在文学中奇妙的邂逅。这邂逅给孙少平的生命带来巨大的感动，充实了他的精神力量，提升了他的精神境界，让他看到黑暗尽头的光亮，引领他穿越令人窒息的人生隧道。再看莫言小时候看"闲书"的往事：②

　　童年时看"闲书"成为我的最大乐趣。……我偷看的第一本"闲书"，是绘有许多精美插图的神魔小说《封神演义》，那骑在老虎背上的申公豹、鼻孔里能射出白光的郑伦、能在地下行走的土行孙、眼里长手手里又长眼的杨任，等等等等，一辈子也忘不掉啊。……后来又用各种方式，把周围几个村子里流传的几部经典如《三国演义》《水浒传》《儒林外史》之类，全弄到手看了。……后来又把"文革"前那十几部著名小说读遍了。记得从一个老师手里借到《青春之歌》时已是下午，明明知道如果不去割草羊就要饿肚子，但还是挡不住书的诱惑，一头钻到草垛后，一下午就把大厚本的《青春之歌》读完了。身上被蚂蚁、蚊虫咬出了一片片的疙瘩。从草垛后晕头涨脑地钻出来，已是红日西沉。

> 引发学生与文学作品中的生命形成真实而深刻的共鸣与感动。

　　丰富的食物保证了身体健康，多样的生命感悟则促进个体精神的健康成长。对于少年莫言来说，看了那么多"闲书"，其中有那么多鲜活的生命，这些生命陪伴、鼓励、感动着莫言，给他的人生带来极大的启发与慰藉，为一个少年的精神成长提供了充足的养料。中学课文《唐诗是早晨，不是下午茶》说唐诗是"生生不息的不死的心灵"（叶嘉莹语），可以提升人的人格，振作生命的活气：

---

① 王蒙：《王蒙文集（第六卷）》，华艺出版社 1993 年版，第 50-51 页。
② 莫言：《童年读书》，见《会唱歌的墙》，作家出版社 2005 年版，第 68-73 页。

唐诗的世界大得很，力量充沛得很，精神豪迈得很。

初盛唐的人要是失恋了，痛苦了，说的是"莫愁前路无知己，天下何人不识君？"就会哂然一笑，心情好起来了。暂时经过苦难，重新克服困境，就会说："两岸猿声啼不住，轻舟已过万重山！"诗人要是曾经受大挫折，后来又东山再起，拨云见雾，就会说："种桃道士今何在？前度刘郎又重来！"心里充满自豪的感情。诗人被压得喘不过气来了，他就会有这样的诗："仰天大笑出门去，我辈岂是蓬蒿人！"

"行到水穷处，坐看云起时"，那个"水穷处"，通往那个"云起时"，都是宇宙生生不息的气脉。"岱宗夫如何？齐鲁青未了"，这"青未了"三个字，不正是生生不息的春色天边无际地流淌么？"今夜偏知春气暖，虫声新透绿窗纱"，诗人的生命节奏，感通着宇宙的生命节奏。"两个黄鹂鸣翠柳，一行白鹭上青天"，读起来舒服极了，通透极了，有一种生命与宇宙透气的感觉。"黄四娘家花满蹊，千朵万朵压枝低。留连戏蝶时时舞，自在娇莺恰恰啼。"一种生意盎然之美，一种随处生春之美，读久了就觉得生命很亮丽，很新鲜，活泼有力。"千山鸟飞绝，万径人踪灭"，是不是宇宙就死掉了呢？没有！"孤舟蓑笠翁，独钓寒江雪"，越是雪大风寒，越显得那个渔翁生命力十分强健。"春眠不觉晓，处处闻啼鸟。夜来风雨声，花落知多少？"诗人半夜里被风雨声惊醒，但清晨又是一个春光明媚！人类社会，宇宙自然，正是这样，在风风雨雨中，花开花落中，永恒地往前生长，往前发展，任何东西也阻挡不了生命的生长。小小的一首唐诗，一共才不过二十个字，说的竟然是这样有益于人生，有益于生命的道理，敞开的竟然是这样一个无限的世界，你能说唐诗不是一个不死的心灵么？

（选入本书时略有改动和删节）

"观山则情满于山，观海则意溢于海""我见青山多妩媚，料青山见我亦如是"，文学中的人、动物、植物、山水都是有生命的，生命之间相互感发而激起情感的涟漪，我们在感动中或得到生命的启示，或抚平内心的伤痛，或消除生命的孤独，或焕发蓬勃的生机，或看到世界的真相……这会给学生带来巨大的喜悦。

心灵快慰

丰子恺在《我与弘一法师》中谈他的恩师李叔同为何出家。[①] 他很理解老师的决定,认为老师出家是必然。人的生活有三个层次:一是物质生活,二是精神生活,三是灵魂生活。物质生活就是衣食,精神生活就是学术文艺,灵魂生活就是宗教。"人生"就是这样的一个三层楼,李叔同的"人生欲"和"脚力"很强,不能忍受停在一楼,不甘居留二楼,必须上到三楼去——探求人生的究竟、灵魂的归宿、宇宙的根本。人的心灵叩问世界的真相、生命的意义,这是人类永远要面对的重大主题,关乎我们的灵魂是否能找到寄放之处,我们的生命是否能有一个彼岸,我们是否能知悉这世界中的

> 引导学生在文学中叩问世界的真相、人生的意义等永恒的问题。

大道。文学以美的方式表现对这些问题的关注和思考,并显示出强烈的哲学和宗教意味,这会给我们带来最强烈、最高层次的愉悦——心灵美感。

歌德的《浮士德》,这部不朽的文学作品之所以成为西方文学的一个里程碑,就是因为它追问并尝试解答上述有关人生要义的问题。《浮士德》第一部的开头,主人公在深夜抒发自己的苦闷:

唉!我到而今已把哲学,
医学和法律,
可惜还有神学,
都彻底地发奋攻读。
到头来还是个可怜的愚人!
不见得比从前聪明进步;
夸称什么硕士,更叫什么博士,

---

① 丰子恺 1948 年 11 月 28 日在厦门佛学会的演讲。

差不多已经有了十年，

我牵着学生们的鼻子，

横冲直闯地团团转——

其实看来，我并不知道什么事情！

　　文字中充满了苦闷，这苦闷源自心灵层面的追索，直指人生最重要、最永恒的问题——人为什么活着，应该怎样活着。徐葆耕指出："望着无边的黑夜，会提出一个问题：人活着有什么意思？一种强烈的要改变你的生命的欲望猛烈地撞击着你的心房，眼泪被欲火烧干了，一种没有明确目的的决心在你的内心凝固下来，你几乎抱着'如果这样活毋宁死'的想法准备重新生活……朋友，当你这样想的时候，我就可以说：'你已经接近浮士德了。'"[①]哲学、医学、法律、神学，这些是大学问、真学问，但它们有时却无法解决有关人生意义的疑问——超越现实、超越经验、超越理性——这些是面向心灵的问题。对这些疑问的追索提供了人生信仰的基石，让心灵找到了寄托与归宿。相对而言，精神的愉悦是具体的、现实的、局部的，而心灵的快慰关乎整个人生的大方向，浸润人的整个生命，有时只可感悟而不可理性分析，只能借艺术予以表现。这显现了人类基于理性而又超越理性的智慧，我们会因为从文学中看到这种智慧而欣喜，进而生发巨大而充实的美感。

　　西方文学有四个里程碑：《荷马史诗》代表的古希腊文学使人信仰神、英雄和命运；但丁的《神曲》代表的中世纪文学让人信仰上帝、不断完善自我；莎士比亚的悲剧代表的文艺复兴时期的文学让人们思考公平、正义与人性；歌德的《浮士德》代表的新古典主义、浪漫主义、启蒙文学关注人的价值与尊严，凸显了人本主义思想。这些

> 凸显文学作品中的哲学和宗教意味，让学生从中感受心灵层面的美感。

文学为人类提供了心灵坐标，让人们在沉沦堕落时能够自醒，在痛苦绝望中能够自救，因而具有最高层次的审美价值。

　　宗白华说，哲学求真，宗教求善。文艺从它的左邻"宗教"获得深厚

[①] 徐葆耕：《西方文学十五讲》，北京大学出版社 2012 年第 2 版，第 147 页。

热情的灌溉，文学艺术和宗教携手了数千年，世界上最伟大的建筑雕塑和音乐多是宗教的，第一流的文学作品也基于伟大的宗教热情；文艺从它的右邻"哲学"获得深隽的人生智慧、宇宙观念，使它能执行"人生批评"和"人生启示"的任务。[①] 这个说法很有道理，好的文学作品一定富有触及心灵的宗教意味和哲学思考，这是最高级的美感——心灵快慰——的来源。林如斯在其父林语堂的小说《京华烟云》的序中写道：

> 此书的最大的优点不在性格描写得生动，不在风景形容得宛然如在目前，不在心理描绘的巧妙，而是在其哲学意义。你一翻开来，起初觉得如奔涛；然后觉得幽妙，流动；其次觉得悲哀；最后觉得雷雨前之暗淡风云，到收场雷声霹雳，伟大壮丽，悠然而止。留给读者细嚼余味，忽恍然大悟：何为人生，何为梦也。……包括无涯的人生，就是伟大的小说。

《京华烟云》的开头引用《庄子·大宗师》中的话："大道，在太极之上而不为高，在六极之下而不为深。先天地而不为久，长于上古而不为老。"林如斯指出，《京华烟云》"全书受庄子的影响"，"庄子犹如上帝，出三句题目教林语堂去做，今见林语堂这样发挥尽致，庄子不好意思不赏他一枚仙桃罗！"

触动心灵的文学作品往往蕴含深刻的哲学思考或宗教意味或二者兼有。中国文学有着三教（儒、释、道）合而打造的灵魂，儒、释、道指引着中国人的心灵生活，[②] 同时也是解读中国文学的心灵密码。中国文学同样探讨有关世界本原、人生方向和心灵归宿等重大命题。感受文学触动心灵的美感，就要理解文学背后的哲学思考和宗教意味。

---

① 宗白华：《美学散步》，上海人民出版社 2005 年版，第 41 页。
② 李泽厚：《论语今读》，安徽文艺出版社 1988 年版，前言第 5 页。

• 儒家的仁义之美

范仲淹在《岳阳楼记》中写道："不以物喜，不以己悲；居庙堂之高则忧其民；处江湖之远则忧其君。是进亦忧，退亦忧。然则何时而乐耶？其必曰'先天下之忧而忧，后天下之乐而乐'乎。"这样的文字为何能千古传颂，为何能给人最深切的感动与共鸣？就是因为其所体现的儒家要义——通过加强自己的修为以求仁。

> 儒家的核心是"仁"，它有四个要义：血缘基础、心理原则、人道主义和个体人格。

李泽厚认为，孔孟儒学远不止"处世格言""普通常识"，它有"终极关怀"的宗教品格，同时又是理性的哲学思考。儒家执著地追求人生意义，有对超道德、超伦理的"天地境界"的体认、追求和启悟，从而可以成为人们安身立命、精神皈依的归宿。[1]儒家思想的核心是"仁"——"志士仁人，无求生以害仁，有杀身以成仁。""仁"体现在四个方面：血缘基础，心理原则，人道主义，个体人格。血缘基础强调慈、孝、悌；心理原则强调明辨是非、善恶；人道主义强调慈悲、亲善、友爱；个体人格强调个人的修为，如温、良、恭、俭、让等。[2]儒家的仁义铺就了人生列车的轨道，成为人生追求的基本坐标。

总的说来，儒家认为"成仁"的途径是加强修为，最终的成就对个体来说是"内圣外王"，外在效应则是"治国平天下"。在中小学课文中，有大量蕴含儒家思想的文章，以中学课文《信客》为例。

---

① 李泽厚：《中国古代思想史论》，人民出版社 1985 年版，第 16 页。
② 李泽厚：《论语今读》，安徽文艺出版社 1988 年版，第 30 页。

课文内容	儒家诠释
老信客裁下客人窄窄的一条红绸捆扎自己的礼品，被客人发现后名誉扫地，十分后悔，自觉没有颜面再做信客："老信客声辩不清，满脸凄伤，拿起那把剪红绸的剪刀直扎自己的手。"他叮嘱年轻信客："我名誉糟践了，信客就在一个信字，千万别学我。"	"过而不改，是谓过矣"（《论语·卫灵公》），"小人之过也必文"（《论语·子张》），老信客认识到了自己的错误并真心忏悔，他丝毫没为自己的错误进行掩饰或辩解。这也提醒我们要"慎独"（《中庸》），要以"战战兢兢，如临深渊，如履薄冰"（《论语·泰伯》）的态度为人处世。
老信客恳请读过私塾、外出闯码头、碰了几次壁的年轻人做信客。将工作仔细交代给他："整整两天，老信客细声慢气地告诉他附近四乡有哪些人在外面，乡下各家的门怎么找，城里各人的谋生处该怎么走。说到几个城市里的路线时十分艰难，不断在纸上画出图样。"年轻人听老人讲了这么多，讲得这么细，他也不再回绝。	"贫而无怨难"（《论语·宪问》），老信客在自己处于极度窘迫的状态时没有恨怨与沉沦，而是"见危授命，久要不忘平生之言"（《论语·宪问》），还想着信客这份工作不能耽误，这不就是责任感吗？年轻人最初并不想做信客，但他"见危受命"，最终挑起这副担子，不也是因为责任感吗？
年轻信客说自己赚了钱要接济老信客。老人说："不。我去看坟场，能糊口。我臭了，你挨着我也会把你惹臭。"	"君子谋道不谋食……君子忧道不忧贫"（《论语·卫灵公》），老信客显然把名誉看得比任何东西都要重要。
年轻人做了二三十年的信客，他渐渐变老，和老信客一样得了胃病和风湿病，他的工作极其繁重，客人的要求又多又杂，他要做很多不是分内的事情。他曾被人误解，蒙受冤屈，但他都坚持下来了："挑着一副生死祸福的重担，来回奔忙。"	"知其不可而为之"（《论语·宪问》），"士见危致命"（《论语·阳货》），在责任面前再大的困难也要克服，再多的委屈也要承受，这就是修为。
新信客一个发了财的同乡因为被他发现自己的婚外情，脸面挂不住，陷害他是小偷。他被扭送到巡捕房，同乡集资把他保出来，问他事由，他只说自己一时糊涂走错了人家，他不想让同乡在别人面前抬不起头。	新信客宅心仁厚，"以德报怨"（《论语·宪问》），亲身实践着"志士仁人，无求生以害仁，有杀身以成仁"（《论语·卫灵公》）。"知德者鲜矣"（《论语·卫灵公》），这也提醒很多人像陷害人的同乡一样面临堕落的危险。

课文内容	儒家诠释
新信客最终支持不住了，跪在坟头请老信客原谅他不再做信客："这条路越来越凶险，我已经支持不了。"	信客是一个普通人，他也有不可承受之重，他在他的信客生涯中已经实践和实现了"仁、义、礼、智、信"①和"温、良、恭、俭、让"（《论语·学而》）。
新信客开始以代写书信为生。两年后，信客被举荐做了地理老师，教学效果奇佳，教起国文来也从容不迫。不久，他担任了小学校长。在他当校长期间，这所小学的教学质量在全县属于上乘。他死时，前来吊唁的人非常多。根据他的遗愿，他的墓就筑在老信客的墓旁。	"人能弘道，非道弘人"（《论语·卫灵公》），新信客所做的一切就是在"弘道"。他最后做了教师、校长，这有象征意义：得道之人成为传道之人，儒家的道理和传统就这样世世代代传下来。新信客的墓筑在老信客的墓旁，他所做的一切足以告慰老信客。老信客的失误终于得到弥补，他们终于都"求仁得仁"。

老信客和新信客都生活得不容易，他们为何要这么坚持？"朝闻道，夕死可矣。"（《论语·里仁》）"未知生，焉知死。"（《论语·先进》）儒家让人珍视只有一次的生命，人要活得明白、有追求、有价值，这就是"生的自觉"②。"君子上达，小人下达"（《论语·宪问》），信客如此坚持就是为了抵抗沉沦，为了给自己的人生一个交代。"三军可夺帅也，匹夫不可夺志也。"（《论语·子罕》）说明每一个人都应该活得有志向、有担当。"仁远乎哉？我欲仁，斯仁至矣。"（《论语·述而》）"为仁由己，而由人乎哉？"（《论语·颜渊》）说明要得仁就要克制自己，同时也要相信，得仁是自己能够把握的，只要努力就可以实现。老信客和新信客通过自己的努力与坚持，最终都做到了求仁得仁。

> 帮助学生深入理解《论语》这一儒家最重要的经典，同时也要兼顾其他儒家典籍，与文本中具体的人、事、情境联系起来。

---

① "仁、义、礼、智、信"为儒家"五常"。孔子提出"仁、义、礼"，孟子延伸为"仁、义、礼、智"，董仲舒扩充为"仁、义、礼、智"。

② 李泽厚：《美学三书》，安徽文艺出版社 1999 年版，第 268 页。

小学一年级课文《雨点儿》：小雨点儿到有花有草的地方使花更红、草更绿，大雨点儿去没有花没有草的地方，让那里长出了红的花，绿的草。《平平搭积木》：他为家人都搭了一间房子，在为自己搭房子前还在为更多的人搭房子。《雪孩子》中雪孩子救出小白兔，自己化成一朵很美的云。《小熊住山洞》：小熊面对森林中春天翠绿的、夏天开满花的、秋天载满果实的、冬天有鸟窝的树，始终不舍得砍，一直住在山洞中。《看电视》：作为足球迷的爸爸关掉球赛换成奶奶爱看的京剧，奶奶又换成爸爸爱看的球赛，看到改作业疲惫的妈妈，大家都决定让妈妈看文艺节目放松一下。《胖乎乎的小手》：兰兰画了自己的小手，爸爸把它贴到墙上，兰兰奇怪自己画了那么多画，为什么贴这一张。爸爸说因为这小手给自己拿过拖鞋，妈妈说这小手洗过自己的手绢，奶奶说这小手为自己挠过痒。《月亮的心愿》：月亮看到小女孩儿第二天要郊游，打算和太阳公公商量明天有个好天气；又看到另一个女孩儿要照顾生病的妈妈，无法去郊游，就想和太阳公公商量明天还是下雨吧；第三天，是一个好天气，孩子们快乐地郊游。《两只鸟蛋》：孩子拿了两只鸟蛋玩，妈妈劝他将鸟蛋送还，免得鸟儿妈妈着急。《松鼠和松果》：松鼠吃一个松果，就埋下一颗松果，使得松林越来越茂密。《美丽的小路》，鸭先生、兔姑娘、鹿先生都喜欢那条美丽的小路，可是后来小路积满了垃圾，他们齐心协力把小路重新打扫干净。《失物招领》：批评了孩子们在植物园随手扔垃圾的行为。这些故事虽然天真童稚，但课文中的主人公的所作所为不都是在"求仁"吗？这些文章不都在强调一个人要加强自身的修为吗？

随着学生年龄的增长，学生会发现"求仁"不仅要克服困难，还有可能要忍受自身利益的损失。这成为一个选择和判断的过程，其间会充满矛盾，需要决心和勇气。人教社课本四年级下册有《中彩那天》《尊严》《普罗米修斯》三篇文章。《中彩那天》里全家六口的生计只靠做汽车修理工的父亲。父亲买彩票中了一辆奔驰牌轿车，可是父亲却闷闷不乐，因为他面临一个"道德难题"——父亲帮同事买了一张彩票，中奖的是同

帮助学生理解"求仁"的过程往往是艰辛的，需要付出代价，而其中的使命感、自豪感则是心灵快慰的源泉。

事的彩票，这个同事很富有，因为彩票是父亲代买的，所以同事并不知道自己中奖了——告诉还是不告诉同事呢？最终，父亲给同事打了电话，同事把车开走了。作者写道："中彩那天父亲打电话的时候，是我家最富有的时刻"。《尊严》讲的是石油大王哈默的故事。哈默曾是一个穷困的逃难人，面对镇长无偿给予的食物，哈默和其他人不一样，坚持要付出劳动以换取食物。镇长最终留下他在庄园做活，并且把自己的女儿许配给他。《普罗米修斯》是古希腊神话，天神普罗米修斯看到人类没有火的悲惨情景，冒着生命危险到太阳神阿波罗那里盗取火种。宙斯决定给普罗米修斯以最严厉的惩罚。火神劝说普罗米修斯向宙斯承认错误得到饶恕，普罗米修斯坚定地回答："为人类造福，有什么错？"普罗米修斯的双手和双脚戴着铁环，被死死地锁在高高的悬崖上，日夜遭受着风吹雨淋，鹫鹰还会啄食他的肝脏。这些文章让学生看到，"求仁"是一个自我挑战、自我成长、自我完善的过程，我们与内心的懒惰、怯懦、自私做斗争，最终变得更坚强、更光明、更有力量。

《史记·孔子世家》记载，孔子前往郑国，和弟子走失，孔子独自站在城东门。有个郑人对子贡说："东门有个人，瘦瘠疲惫的样子好似丧家之犬。"子贡把此话告诉孔子，孔子笑着说，"我的样子未必像丧家之犬，但说我像丧家犬，还真没说错啊！"孔子承认自己漂泊零落像"丧家犬"，但这是自嘲，他的内心一定充满了使命感和自豪感——"朝闻道，夕死可矣"——因为得道而自豪，因为宏道而坚忍，死都不怕，何况这点落魄呢？儒家的仁义之美的本质可看作是一种基于责任担当的"使命感"和"自豪感"。儒家帮助人们找到心灵的彼岸，让人活得光明、安然、不惶惑，正可谓"知者不惑，仁者不忧，勇者不惧"（《论语·子罕》）。一个人能达到这样的人生状态，其心灵一定是快乐的、欣慰的。

• 道家的自然无为之美

孟浩然的《游精思题观主山房》："误入桃源里，初怜竹径深。方知仙子宅，未有世人寻。舞鹤过闲砌，飞猿啸密林。渐通玄妙理，深得坐忘心。"

这首诗的诗眼——"坐忘"——即出自《庄子·大宗师》："堕肢体，黜聪明，离形去知，同于大通，此谓坐忘。"这是一种"超然物外、物我两忘"的境界，这既是心灵愉悦的来源，也是心灵愉悦的表现。欣赏这样的诗，感悟中国文学中的寄情山水、田园精神，就要理解道家精神注入文学作品中的自然无为之美。

小学课文《最佳路径》讲了这样一个故事：世界建筑大师格罗培斯设计的迪斯尼乐园，经过三年的施工马上就要对外开放了，然而各景点之间的道路设计方案已修改了五十多次，没有一次让格罗培斯满意。有一天，他偶然路过一个无人看管的葡萄园，只要在路旁的箱子里投入五法郎就可以摘一篮葡萄。这是一位老太太的葡萄园，她因年迈无力料理成熟的葡萄而想出这个办法。结果，在这绵延上百里的葡萄产区，总是她的葡萄最先卖完。这个做法使大师深受启发，他马上给施工部发了电报：撒下草种，提前开放乐园。没多久，整个乐园的空地被绿草覆盖。在提前开放的半年里，草地被踩出许多小道，这些踩出的小道有宽有窄，优雅自然。第二年，格罗培斯让人按这些踩出的痕迹铺设了人行道。1971 年，迪斯尼乐园的路径设计被评为世界最佳设计。这篇文章可以与道家的"无为""道法自然"联系起来，从道家精神去解析这个故事，就会获得高层次的哲学思考和生命体悟，从而感受心灵层面的美感。

《庄子·知北游》有云：

天地有大美而不言，四时有明法而不议，万物有成理而不说。圣人者，原天地之美而达万物之理。是故至人无为，大圣不作，观于天地之谓也。……阴阳四时运行，各得其序。惛然若亡而存，油然不形而神，万物畜而不知。

格罗培斯所"设计"的小径为何如此美妙，不就是因为感悟了无言的天地之大美、发现了不说的万物之成理吗？与其说格罗培斯设计了小径，不如说他发现了自然的秘密，天、地、人在此统一，这天人合一的过程多么让人欣喜！

《道德经》说"道可道，非常道"（第一章），可以画在纸上的方案不是最好的方案。"是以圣人处无为之事，行不言之教"（第二章），有道之人以无为的态度来处理世事，实行不言的教导。"人法地，地法天，天法道，道法自然"（第二十五章），这世间最真实、最深刻的道理存在自然之中，人们要做的不是发明它而是发现它。这世界上有"视而不见之'夷'，听而不闻之'希'，搏而不得之'微'"（第十四章），"世间之道惚兮恍兮"，但其中却有'像'、有'物'、有'精'、有'信'（第二十一章），人们要净化自己的感官，倾听自然的声音，从中感悟精微而美妙的启示。《最佳路径》这篇文章看似简单轻巧，被道家思想点化后，却显现多么丰富而深刻的世间真相与人生道理啊！从文学中获得这么深的感悟当然会让我们感到愉悦，形成美的感受。

> 自然之美可以有两种理解：一，自然之物本身是美的；二，人造之物顺应了自然也是美的。

如果说儒家思想给人加上责任的担子，指明人生的方向，道家思想则将人引到一个悠然之地，在这里感悟一番别样的人生意义和世间风景。道家认为世间有本源的终极之道："道生一、一生二、二生三、三生万物。"（《道德经·第四十二章》）即自然有自然之道、社会有社会之道、人生也有人生之道。人生活在这个世界上就要追寻、把握这本原的道，依道而行、顺势而为——此即为"顺应"。相应地，道家提出"无为"的理念，不是什么都不做，而是指以了

> 世间存在本原之道，人们要善于发现、感悟、把握这些道并依道而行、顺势而为。

解时势、趋势、规律为前提，做出顺势而为的行为，使人与事在保持天然本性的前提下自然作为与生发，从而达到"无为而无不为"的境界。万事万物都有自己的本质即自然之态，不存在好坏、高低的分别，认识到这一点我们会泯灭"分别心"，就能做到安然、坦然与不争，即"不乐寿，不哀夭；不荣通，不丑穷"（《庄子·天地》）。在道家看来，自然无为就是美，而且是最高的美。庄子在《天道篇》中讲："朴素而天下莫能与之争美。"一切纯任自然，就达到了朴素，也就达到了天下至美，正可谓"至人无己，神人无功，圣人无名"（《庄子·逍遥游》）。与顺其自然相反的是"矫厉"，即造作

勉强，这样的人生注定是扭曲艰困的。

道家的"道"是一条通向自由的路，这条路的入口就是"无为"和"顺应"。"知其不可奈何而安之若命，德之至也"（《庄子·人间世》），"死生、存亡、穷达、贫富、贤与不肖、毁誉、饥渴、寒暑，是事之变、命之行也"（《庄子·德充符》）。无为、顺应绝不是消极，一个人能做到不计利害、得失、是非、功过，忘乎物我、主客、人己，不为外界所影响，也不被万物牵绊，是需要大胸怀、大决心的，是需要有大修为才能达到的境界。只有无为和顺应，才能让人真正摆脱各种"物役"，从而获得真正的、绝对的自由

> 自由是得道的结果，在现实生活中个体获得自由的前提是返璞归真，发现自己的本真并勇敢地自我实现。

和自足，正所谓"无不忘也，无不有也，澹然无极而众美从之"（《庄子·刻意》）。庄子深深悲叹人生一世劳碌奔波，心为物役，空无意义。人们很多时候都在不停地攫取各种利益，这实际上对人却是无用甚至是有害的，就像"骈拇枝指"，只是"附赘县疣"罢了（《庄子·骈拇》）。从大夫到小人，从盗贼到圣贤，他们各为不同的外物所役使，或为名，或为利，或为家族，或为国事，他们损害了自己个体的自然本性，是可悲的。[1]下面以陶渊明的作品为例，我们来看由道家思想浸染的文学作品提供怎样的心灵美感。

叶嘉莹认为，在中国诗歌史上，只有陶渊明是真正达到"自我实现"境界的一个诗人。陶渊明的诗反映了他达到"自我实现"之境界所经历过的那一个复杂、艰难、曲折的过程。[2]

陶渊明在《读山海经·其一》中写道："众鸟欣有托，吾亦爱吾庐……欢言酌春酒，摘我园中蔬……俯仰终宇宙，不乐复何如。"陶渊明饮酒、种菜，享受着安逸的田园生活，这是身体的自由，更是心灵的自由！"采菊东篱下，悠然见南山"（《饮酒·其五》），一颗热爱自由的心才能发现和享受如

---

[1] 李泽厚：《漫述庄禅》，《中国社会科学》1985年第1期，第128-129页。

[2] 叶嘉莹：《迦陵文集（八）》，河北教育出版社1997年版，第475页。

此的纯美之境。陶渊明为何辞官？——"质性自然，非矫厉所得"（《归去来兮辞（并序）》），他回归田园生活正是因为发现了自己的本质，顺应了自己的自然，走上了无为之道，从而终获得自由与快乐。他在《五柳先生传》中写道："好读书，不求甚解；每有会意，便欣然忘食。"陶渊明能达到这样的人生境界，是因为他"不慕荣利"，"不戚戚于贫贱，不汲汲于富贵"，这样的生活是摆脱各种"物役"的结果。

但是，过田园生活并不容易。陶渊明在《饮酒》的小序中写自己"闲居寡欢"，他在精神上是孤独的，他说："欲言无予和，挥杯劝孤影"（《杂诗·其二》），他的家人都不理解他，埋怨他，不明白他为什么不肯做官，以致让家里人和他一起过劳苦饥寒的日子。陶渊明的《饮酒》中有一首写田父给他送酒并劝他："一世皆尚同，愿君汩其泥"，他的回应是"纡辔诚可学，违己讵非迷！且共欢此饮，吾驾不可回。"陶渊明为什么如此抵抗现实的艰苦而坚定地走自己的路，那是因为他知道违背自己的意志有多苦，更是因为他知道自己想要怎样的生活。陶渊明在《归园田居·其一》中写道："少无适俗韵，性本爱丘山。误落尘网中，一去三十年。羁鸟恋旧林，池鱼思故渊。"写得真好，把违背自己本性和意愿的生活有多苦写得淋漓尽致！《归去来兮辞（并序）》中，陶渊明写他做官"及少日，眷然有归欤之情"，违心做事的话很痛苦，正所谓"尝从人事，皆口腹自役"。了不起的是，陶渊明"够聪慧"发现自己的本真，"有勇气"听从内心的召唤，"有胆量"放弃现实的利益，他认识到与饥冻的困顿相比，违背自己意愿的生活才是真正的痛苦。陶渊明发出内心的呼喊："胡为乎遑遑欲何之？"（《归去来兮辞（并序）》）这是陶渊明的自问，也是问世上的每一个人——匆忙遑然的生活到底是为了什么？就算挣到了所有的财富和功名，一个人连自己的本性和内心真正的愿望都没有察觉，是多么可悲啊！

陶渊明的文字充分、深刻地体现了道家精神且极具文学美感。教师要引领学生通过对陶文的赏析理解道家精神。

"悟已往之不谏，知来者之可追。实迷途其未远，觉今是而昨非"（《归去来兮辞（并序）》），陶渊明回到了现实的田园，也找到了精神的家园，他感慨"久在樊笼里，复得返自然"（《归园田居·其一》），"木欣欣以向荣，泉涓涓而始流"（《归去来兮辞（并序）》），如此的大快乐、大自由，真是让人感到振奋和感动啊！此刻，我们能够理解陶渊明所说"此中有真意，欲辨已忘言"（《饮酒·其五》），这正是庄子所说的"至乐无乐"，这种大快乐已经无法用语言表达，甚至很难用理性去分析。

总之，田园精神能让人获得心灵层面的美感，根本原因是其超脱的气质和追求自我实现的品质，这很难得、很珍贵、很令人向往，如高原之巅的雪莲那样孤寂而高贵。田园精神体现着大快乐、大自由，具有强大的感召力，充分体现了人的自由意志，在挣脱物欲束缚的过程中实现最高的人生价值。我们每一个人都有这种向往和需求，只不过有时因为缺乏勇气和自省而压抑了这种追求，文学中的自然无为、田园精神唤醒了我们每一个人内心自我实现的向往，这是心灵的共鸣，也激起心灵的美感。

- 佛家的禅意之美

"禅"的全称为"禅那"，据说是巴利语"羌哈那"的音译，而梵语则为Dhyana，意译则是"思惟修"。[1] 禅宗是中国佛教最重要的宗派之一，也是佛教中国化的产物。佛教传入中国经历了许多变迁后，终于出现了六祖慧能创始的南宗顿教，以后日益发展丰富，成为具有鲜明特色的中国禅宗。[2] 佛家对世界的基本认识——"空"，与禅修的形式——"悟"相结合并渗入文学，使其有了能触及心灵最深处的审美意味。

> "空"与"悟"是禅与文学最动人、最富美感的结合点。

王维的《辛夷坞》："木末芙蓉花，山中发红萼。涧户寂无人，纷纷开且落。"《鸟鸣涧》："人闲桂花落，夜静春山空。月出惊山鸟，时鸣春涧中。"胡应麟评这两首诗"读之身世两忘，万念皆寂。"[3] 王维诗中的"空寂"使人

---

① 顾随：《顾随说禅》，广西人民出版社 2005 年版，第 6 页。
② 李泽厚：《中国古代思想史》，人民出版社 1985 年版，第 198-199 页。
③［明］胡应麟：《诗薮》，中华书局 1962 年版，第 119 页。

体验到纤微而深刻的美感。佛教的"空寂",不是死寂,是人出离生死烦恼、持平常心、顿悟人生而达致精神空灵的一种深邃境界。[①] 在王维笔下,人世间的一切生老病死、喜怒哀乐都被"消解",无"尘心""机心"与"分别心",没有牵挂,没有滞累,没有焦虑,也没有妄执,这消解引致空寂,这空寂触动心弦。

"观自在菩萨,行深般若波罗蜜多时,照见五蕴皆空,度一切苦厄"(《般若波罗蜜多心经》)。这几句经文,确乎道出了佛教何以能抚慰人们的心灵之痛。[②] 以禅悟的方式询证五蕴皆空,这是世人获得自在、了却烦恼的通道,也是文学家遭遇哀苦时的精神出口,浸润禅意的文字充盈着解脱、了悟和安宁的美。

"乌台诗案"后,苏轼在《临江仙》中写道:"长恨此身非吾有,何时忘却营营! 夜阑风静縠纹平。小舟从此逝,江海寄余生。"他在《念奴娇·赤壁怀古》中写:"故国神游,多情应笑我,早生华发。人间如梦,一樽还酹江月。"《前赤壁赋》中写当年的曹操:"方其破荆州,下江陵,顺流而东也,舳舻千里,旌旗蔽空,酾酒临江,横槊赋诗。"在这样的文字之后,他紧接着写:"固一世之雄也,而今安在哉?"——对万般皆空的慨叹。

"安史之乱"中王维被安禄山掳去并授了伪官,叛乱平定后他的心灵创伤太深,写下"独坐悲双鬓,空堂欲二更。雨中山果落,灯下草虫鸣。白发终难变,黄金不可成。欲知除老病,惟有学无生。"(《秋夜独坐》)"无生"指无生无灭,这是佛门真谛,是一种涅槃境界。他还写下"缘合妄相有,性空无所亲。安知广成子,不是老夫身"(《山中示弟》),直接以佛语表达自己对人生和世界的认识与感受。

> 帮助学生理解:亲近佛禅的五蕴皆空能消解与安抚苦痛,或者让心灵舒展,获得自由与安然,这是富有禅意的文本美感的来源。

---

① 王振复:《中国美学史新著》,北京大学出版社,第225页。
② 张晶:《禅与唐宋诗学》,人民文学出版社2003年版,第28-29页。

白居易元和十年被贬为江州司马后，他的处世态度大为转变。他写道："近岁将心地，回向南宗禅。外顺世间法，内脱区中缘。"(《赠杓直》)在贬居浔阳之后，白居易在给友人的诗中写道："同事空王岁月深，相思远寄定中吟。遥知清净中和化，只用金刚三昧心。"(《钱虢州以三堂绝句见寄，因以本韵和之》)长庆二年在怀念已逝的友人诗中他又写道："此生都是梦，前事旋成空。"(《商山路有感》)

《红楼梦》第一回甄士隐丢了女儿，家道中落，偶然听到跛足和尚的《好了歌》，因其本有夙慧，给这首歌作了一个注解："陋室空堂，当年笏满床。衰草枯杨，曾为歌舞场。蛛丝儿结满雕梁，绿纱今又糊在蓬窗上。说什么脂正浓，粉正香，如何两鬓又成霜。昨日黄土陇头埋白骨，今宵红绡帐底卧鸳鸯。……"十二钗曲名《红楼梦》引子："奈何天，伤怀日，寂寥时，试遣愚衷；因此上演出这悲金悼玉的红楼梦。"《飞鸟各投林曲》末尾说："好一似食尽鸟投林，落了片白茫茫大地真干净。"这些不都是在表达"色即是空"吗？

佛家的"因苦悟空"与文学中的"虚静"形成映照，而"虚静"对文学创作有直接且重要的影响。刘勰在《文心雕龙·神思》中有"虚静"一说："是以陶钧文思，贵在虚静……此盖驭文之首术，谋篇之大端。"文学家在文学创作中应该成为一个"隐者"——返回内心，返回自我，在宁静中体悟生命真意，

> 富有禅意的文字是纯净和淡泊的，这使得文本表现出珍贵的"虚静"风格。

在空明中找到精神家园。苏轼《送参廖师》："欲令诗语妙，无厌空且静。静故了群动，空故纳万境。"要想领悟诗的妙处，内心深处必须空灵和寂静。只有内心空且静的时候，才能把握各种各样的动，才能接纳各种各样的境，可见苏轼把作家内心是否虚静视为创作能否成功的前提条件。[①]禅的"空寂"一旦与文学艺术的"虚静"相结合，文字就有可能表达人的心灵之语，从而

---

① 李建中主编：《中国文学批评史》，北京大学出版社2009年版，第5页。

展现心灵层面的美感。对此宗白华谈道：[①]

> 司空图《诗品》里形容艺术的心灵当如"空潭泻春，古镜照神"，形容艺术人格为"落花无言，人淡如菊"，"神出古异，淡不可收"。……

> 精神的淡泊，是艺术空灵化的基本条件，……萧条淡泊，闲和严静，是艺术人格的心襟气象。这心襟，这气象能令人"事外有远致"，艺术上的神韵油然而生。……然而"心远地自偏"的陶渊明才能悠然见南山，并且体会到"此中有真意，欲辨已忘言"。因此，禅的空不仅是佛教教义中看空人生、看空世界，也是禅修时心灵的纯净与安静，一个艺术家在空寂的状态中创造出美的艺术作品，给人们带来美的触动，带着禅意的美的作品也会使欣赏者进入心灵的空寂，这本身就是一种美妙的体验，也是与作者心灵相通，妙悟作品禅意的基础。

本书在后面的"情感分析"中将谈到，情感表达的一个重要技巧是含蓄，而含蓄的关键就是空和淡——少说、不说为空，轻灵地诉说为淡。因为空、淡，读者能感悟到的情意更丰富、更细腻，也因为空、淡，情感有了升华的空间，变得更加高远和深刻。

禅修的主要方式是"悟"，这与文学赏析的方式很接近，它能带来美的体验。铃木大拙说，没有悟就没有禅，悟是禅学的根本。禅可以失去它所有的文献，失去所有的寺庙，但是只要有悟，禅会永远存在。[②]"悟"指发现"自性"——超然、自在的本质、本性——也就是佛性的过程。[③]

以下是三个有关"悟"的小故事：[④]

> 一位僧人问赵州禅师（法号从谂）："我才入禅门，请您给我指示。"赵州说："你吃过粥了吗？""吃过了。"赵州说："那么，洗粥钵去吧！"僧人忽然有省。

---

① 宗白华：《美学散步》，上海人民出版社 1981 年版，第 43-46 页。
② ［日］铃木大拙：《禅风禅骨》，中国青年出版社 1989 年版，第 102 页。
③ 程亚林：《诗与禅》，江西人民出版社 1989 年版，第 134 页。
④ 同上，第 178 页。

一天，来了许多新学徒。赵州问其中的一位："曾经到过这里么？"答："到过。"赵州说："那么，吃茶去吧。"问另一位，答："没有到过。"赵州也说："那么，吃茶去吧。"掌管寺院的院主觉得很奇怪，问赵州："为什么来过的你叫他去吃茶，没有来过的也叫他去吃茶？"赵州叫了一声："院主。"院主答："在。"赵州说："吃茶去吧。"

> 能提供心灵美感的文学文本需要悟，这与禅修的悟有许多相似之处。

严阳善信初参赵州，说："我空手而来，您怎么看？"赵州说："放下吧！"善信问："既然是空手而来，我放下什么呢？"赵州说："既然放不下，你就承担着它吧！"善信于言下大悟。

这三个小故事说明了悟的特点：第一，悟不涉理路、不落言筌，是直觉的洞见；第二，悟是刹那的觉知、瞬间的感受；第三，悟具有超越性，高度形而上；第四，悟是个体独有的，每个人悟的历程和结果都是不同的；第五，悟会给人带来整体的、深刻的改变。

语文教学中常说要"感悟"文本，文本赏析中同样存在悟这种方式，铃木大拙正是用欣赏诗歌的方式来说明什么是悟——"心花开放""茅塞顿开""心思活动的开朗"。[①]禅悟与文学感悟有细密而深刻的关联，文学赏析中的悟同样具有上述禅悟的特点。此外，中国文学中很多文本以禅入诗、以禅入文，使得这些有禅意的文本更需要悟。王国维在《人间词话》中说："'明月照积雪'，'大江流日夜'，'中天悬明月'，'黄河落日圆'，此种境界，可谓千古壮观。"这些千古壮观、极具境界的诗句，是没有办法理性解读的，甚至是不可说的，只能依靠直觉触碰其中的深意。一个人熟读这些诗句很多年，忽然在某个情境某一瞬间有了震撼心灵的、透彻的领悟，这种领悟是不期而遇的，对每个人来说都是独特的，它不囿于一时一事，而是具有改变、提升整个人生的超越性的力量。严羽在《沧浪诗话》中说："盛唐诸人惟在兴趣，羚羊挂角无迹可求。故其妙处，透彻玲珑不可凑泊，如空中之音，相中之色，水中之影，镜中之象，言有尽而意无穷。"具有无穷之意的

---

① [日] 铃木大拙：《禅风禅骨》，中国青年出版社 1989 年版，第 111 页。

文字非凑泊所得，往往是神来之笔，这样的文字只能悟，而这种悟所带来的独特、深刻的体验，就像黑暗中刹那闪现的亮光，能带来心灵层面的大快乐。

李泽厚指出，禅悟这种注重内省、注重体悟、顿悟的方式与文学艺术发生了最契合的反应。"忽然省悟"的这种方式，对艺术创作来说，不正是很熟悉、很贴切和很合乎实际的么？① 富有禅意的文学作品之所以能给我们带来深刻的心灵美感，正因为它体现了艺术美的表达规律。有这样一个故事，沩山法师给师弟香严法师提出一个问题，香严苦思不得解，请求沩山说明，沩山却说："我的确没有什么东西教你，如果我教给你，你以后会笑我骂我。而且我所教你的东西，是我的东西不是你的东西。"因此，在语文教学中，对于有禅意、有深意、能触动心灵美感的文本，教师要重视引导学生自己去领悟，而不是给学生一个标准答案。

> 引导学生感悟言有尽而意无穷的文本，不要过多理性分析或给一个标准答案。

综上所述，高级、隽永的中国文学往往散发着儒、释、道的宗教气息和哲学思考。儒、释、道有着紧密的关联，相互渗透，相互影响。汤用彤说："魏晋释子，雅尚老庄。"（《汉魏两晋南北朝佛教史》）这体现了释、道的关系；陈鼓应认为："孔孟阐发道德人生，而老庄阐述艺术人生，两者相互辉映。"② 这表明了儒、道之间的关系。以具体的文学作品为例，"边塞诗"充分体现了儒家积极进取、建功立业的思想，亦不乏道家自由的想象和疏阔的色彩；"山水诗"体现了道家回归自然、天人合一、遗世高蹈的浪漫情怀，亦不乏佛教恬淡的趣味和静谧的境界；"田园诗"体现了世俗生活的恬淡与虚静，但其骨子里却是老庄出世的追求和独善的理想。就作者而论，李白受过道教的符箓，每以"谪仙"见称，但又自

> 儒、释、道有着紧密的关联，相互渗透，相互影响。

---

① 李泽厚：《美学三书》，安徽文艺出版社 1999 年版，第 372-373 页。
② 陈鼓应：《道家的人文精神》，中华书局 2012 年版，第 215 页。

名"青莲居士"，用佛典作为自己的别号；杜甫世代书香，常以"穷儒"自命，但又"身许双峰寺，门求七祖禅"，成为北宗的信徒；王维深受佛教的影响，写过《能禅师碑》，但也"愿奉无为化，斋心学自然"，颇似老、庄的传人。[①]"达则兼济大下，穷则独善其身。"一个人济世经邦的抱负破灭时，佛家、道家的思想便占了上风。以苏轼为例，其胞弟苏辙在《东坡先生墓志铭》中说苏轼"初好贾谊、陆贽书，论古今治乱，不为空言"；"既而读《庄子》"，有深得其心之叹；"后读释氏书，深悟实相，参之孔、老，博辩无碍，浩然不见其涯也"；又说"公诗本似李杜，晚喜陶渊明"。总的说来，苏轼一生两次在朝任职、两次在外地做官、两次被贬。大起大落的生活遭遇，造成他复杂而又多变的艺术面貌。任职时期以儒家思想为主，贬居时期以佛老思想为主。因此，儒释道有可能并存于一个文人的思想之中，一部文学作品也有可能同时体现三种哲学思想。《红楼梦》整部作品反映了"色即是空"的佛家理念，主人公贾宝玉在儒家环境和儒家要求下向往道家的生活，最终却走向佛教，小说中许多的人物姓名、情节暗藏禅机。

总之，教师要帮助学生理解，能生发心灵快慰的文字往往蕴含哲学思考与宗教意味，这是对世界真相、人生意义的追索。世界不是非黑即白，人生也非刻板单一，以文学为载体的哲学思考和宗教意味复杂多元且变动不居，这使得文学的意涵变得丰富、高远，更值得琢磨与欣赏。

002 美感的类型

就像小提琴和大提琴演奏同一首歌却给人不同的美感体验一样，两篇都描写秋天的文章也会让人体验不同的美——文学的美有不同的类型。理解美感的不同类型，把握不同类型的美感生成的条件，有助于准确触发学生的美感体验，帮助学生从文学作品中感受更丰富、更细腻的美。

---

① 陈炎等：《儒释道背景下的唐代诗歌》，昆仑出版社 2003 年版，第 65 页。

喜悦美与伤感美

喜悦与伤感是人类最基本的、与生俱来的情绪情感，具有原发性，人类更复杂、更高级的情感体验往往发端于此。康德指出："快乐是生命力被提高的感情，痛苦则是生命力受阻的感情。"[1] 人的一切活动都可视为生命力的表现，生命总是努力在活动中实现自己。

> 对作者、作品主人公的需求进行分析，是理解喜悦与伤感的前提。

当人通过努力达到或接近预期目的，就产生快乐，当人的努力受到挫折或阻碍，就产生痛苦。按照心理学家马斯洛的理论，人有生理、安全、爱和归属感、尊重和自我实现等五个层次的需求，当这些需求得到满足的时候，人会体验满意和喜悦，反之则会失望和伤感。因此，面对表现喜悦或伤感的作品，教师应引导学生对其进行需求分析，这是理解喜悦或伤感的钥匙。[2]

喜悦即愉悦，这自然是一种美感体验，为什么伤感也具有审美价值？

伤感这一情感遍及生活的各个方面：亲友离别，无语凝噎；游子羁旅，断肠天涯；亡国受辱，愁似春水；英雄无路，壮志难酬；年华易逝，老大伤悲；情深缘浅，劳燕分飞；人生空幻，镜花水月；民生艰难，愤懑无奈等等。伤感让人痛苦，但它却是文学艺术中美感的来源。英国诗人雪莱说："最甜美的诗歌却在诉说最忧伤的思想。"[3] 歌德在他的诗中写道："*What in life do the only grieve us. That in art we gladly see.*" 王国维赞同这个说法："凡人生中足以使人悲者，于美术中则吾人乐而观之。在生活中实属痛苦的事情，在文艺作品里却变成了人们审美观赏的对象。"[4]

---

① [德] 康德：《论愉快与不愉快的感情》，见永毅：《喜怒哀乐论》，广州文化出版社 1988 年版，第 103 页。
② 赵希斌：《正本清源教语文：文本的内容分析策略》，华东师范大学出版社 2014 年版，第 75-79 页。
③ [英] 雪莱：《为诗辩护》，载《十九世纪英国诗人论诗》，人民文学出版社 1984 年版，第 150 页。
④ 王国维著，苏缨解说：《王国维点评红楼梦》，时代文艺出版社 2010 年版，第 50，55 页。

文学的伤感美古已有之。《诗经》有"心之忧矣，我歌且谣"（《魏风·园有桃》），"君子作歌，维以告哀"（《小雅·四月》），"啸歌伤怀，念彼硕人"（《小雅·白华》）。《楚辞》总体格调是忧郁的，展现了一唱三叹的哀伤美："惜诵以致愍兮，发愤以抒情"（《九章·惜诵》），"帝子降兮北渚，目眇眇兮愁予。袅袅兮秋风，洞庭波兮木叶下"（《九歌·湘夫人》）。大约从汉代开始，许多记载表明，不少人乐于从表现悲哀情感的艺术作品中寻求快感。例如，扬雄的《琴清英》中有一个故事："晋王谓孙息曰，子鼓琴能令寡人悲乎？"刘向《说苑·善说》记述："雍门子周以善琴见孟尝君，孟尝君曰，先生鼓琴，亦能令文悲乎？"这两个故事中的主人公都要求艺术家用音乐引起自己悲哀的情感，期望从中寻求某种审美快感。汉代王充，更将"悲音"作为"美妙音乐"的同义词使用。《论衡》的《自纪》篇说："师旷调音，曲无不悲；狄牙和膳，肴无淡味。""美色不同面，皆佳于目；悲音不共声，皆快于耳。"《超奇》篇说："饰面者皆欲为好，而运目者希；文音者皆欲为悲，而惊耳者寡。"悲音为美，西方也有类似的说法，如法国诗人波德莱尔在《随笔·美的定义》中说："我并不认为'欢悦'不能与美结合，但我的确认为'欢悦'是美的装饰品中最庸俗的一种，而'忧郁'却似乎是'美'的灿烂出色的伴侣；我几乎不能想象……任何一种美会没有'不幸'在其中。"[1]

引导学生分析他们阅读伤感作品时的情绪体验，这是感悟伤感美的基础。

我们能从伤感的文字中获得美感的原因在于：

第一，积郁的释放。

人们在遭受身体或精神伤痛时往往会不自主地呻吟、哭泣、哀号，这是本能的生理需求，藉此释放自己的痛苦，获得同伴的关注、同情与帮助。文学同样能让悲伤的人宣泄痛苦，得到抚慰。罗曼·罗兰在《贝多芬传》里说："亲爱的贝多芬！多少人已赞颂过他艺术上的伟大。……对于一般受苦而奋斗的人，他是最大而最好的朋友。当我们对着世界的劫难感到忧伤时，

---

[1] 伍蠡甫：《西方文论选（下册）》，人民文学出版社1964年版，第225页。

他会到我们身旁来，好似坐在一个穿着丧服的母亲身边，一言不发，在琴上唱着他隐忍的悲歌，安慰那哭泣的人。"① 悲音，有家国之悲，如《诗经》中的《黍离》之类；有怀才不遇之感、忠而见疑之恨，如《离骚》；有相爱而遭阻隔、生离死别之苦，如《长恨歌》。这些悲恨，远古就已发生，后世一直存在，后人读前人的作品，产生强烈的共鸣，产生一吐为快的舒畅感，产生发现同调知音的欣喜感。杜甫《咏怀古迹·之二》说："摇落深知宋玉悲，风流儒雅亦吾师。怅望千秋一洒泪，萧条异代不同时。"这是悼屈原者自悼也。白居易的《琵琶行》写他听到的琵琶曲："弦弦掩抑声声思，似诉平生不得志"，白居易听了这悲歌哀伤又欣悦："今夜闻君琵琶语，如听仙乐耳暂明……座中泣下谁最多，江州司马青衫湿。"这是借他人之酒杯浇自己胸中之块垒。金圣叹评点《西厢记》："夫我之痛哭古人，则非痛哭古人，此又一我之消遣法也。"

朱光潜在《悲剧心理学》中提出"宣泄说"："忧郁本身正是欲望受到阻碍或挫折的结果，所以一般都伴之以痛苦的情调。但沉湎于忧郁本身又是一种心理活动，它使郁积的能量得以畅然一泄，所以反过来又产生一种快乐。……当生命力成功地找到正当发泄的途径时，便产生快感。"② 拜伦在《我的心灵是阴沉的》中说："告诉你，歌手呵，我必须哭泣，不然，这沉重的心就要爆裂。"他

> 让学生了解在悲伤的文字中找到知音，形成共鸣，宣泄内心的痛苦，这是悲音为美的一个原因。

正是在忧伤的发泄中找到了解脱、安慰，转化为精神上的愉悦。中国诗人也认为悲哀的诗歌可以发泄痛苦，乐府古辞《悲歌行》说："悲歌以当泣。"宋代词人常常"长歌当哭"，张炎悼王沂孙《琐窗寒》词序说："余悼之玉笥山，所谓长歌之哀，过于痛哭。"李清照词《声声慢》用淡酒、晚风、秋雁、落花、细雨等凄凉景物反复渲染心中的哀愁，实际上是一首"惨惨戚戚"的长歌，将积郁的痛苦倾泻无余，从而获得心灵的慰藉，正是这慰藉，使作者

① [英] 罗曼·罗兰著，傅雷译：《巨人三传》，安徽文艺出版社 1989 年版，第 59 页。
② 朱光潜：《悲剧心理学》，安徽教育出版社 1996 年版，第 217 页。

和读者在苦涩的泪水中又尝到一丝释放后的安宁。

总之，文学中的悲伤无论广度还是深度，都大大超越了任何一个个体在一生中可能体验的伤感，这使得文学作品成为一个最广阔、最富弹性的表达悲伤的载体，读者从中会发现自己心底那可能被压抑、被忽略、被漠视的悲伤，这种情绪的共鸣宣泄了内心的积郁，让人们获得一种美感体验。

第二，情感的升华。

伤感的作品会让读者忧伤、哀惋、沉痛、震惊，这源于人有同情、恻隐之心。人们读《离骚》而伤感，是因为看到有才华、忠诚正直的人被冤屈被流放而不平与愤慨，这是正义感和崇高感的觉醒，这是伤感体验的升华。白居易的《观刈麦》描写了农民极为辛苦地劳作仍然不能满足基本的温饱，这让作者感到伤感，也让我们每一个读者感到伤感，但作品没有停留在对伤感情绪的宣泄，而是发出了"今我何功德？曾不事农桑"的质问。这是对公平正义的呼唤，是对不良社会制度的谴责，这也是对伤感体验的升华——不仅能够表达自然的伤感，还能对伤感的原因进行反思和批判。同样，杜甫在《茅屋为秋风所破歌》中先描写了自己的窘境：床头屋漏，年老体弱，受人欺凌，最基本的生存和安全需求都无法得到满足，这当然令人伤感，但作者最后写道："安得广厦千万间，大庇天下寒士俱欢颜，风雨不动安如山！呜呼！何时眼前突兀见此屋，吾庐独破受冻死亦足！"作者自己遭受着身心的

> 帮助学生理解：伤感的文字表达恻隐之心，其中对真与善的追求让我们的心智获得成长并从中获得美感。

折磨，却超越个人的苦痛，怜悯全天下的人，祈祷每个人都有庇佑的居所，如果这愿望能实现，作者宁愿自己死在这破屋中！这样的伤感激起了我们内心的善念，读者的情感同样得到升华并因这种升华而喜悦。

悲伤情感的升华还体现在对悲伤的超越。宗璞在《紫藤萝瀑布》中写道："我只是伫立凝望，觉得这一条紫藤萝瀑布不只在我眼前，也在我心上缓缓流过。流着流着，它带走了这些时一直压在我心上的焦虑和悲痛，那是关于生死的疑惑，关于疾病的痛楚的。我浸在这繁密的花朵的光辉中，别的

一切暂时都不存在，有的只是精神的宁静和生的喜悦。"1982 年 5 月，作者的小弟弟身患绝症，作者非常悲痛（当年 10 月小弟病逝），她徘徊于庭院，见到一树盛开的紫藤萝，写下了这篇散文。紫藤萝的蓬勃与生生不息感染了作者，作者的悲伤情感得到升华，对生死与痛楚有了新的、更深刻的理解，一种具体的悲伤升华为有审美意义的高远的情感。

伤感凝聚着艺术家对痛苦的深刻体察和对理想的强烈追求。真正的痛苦恰恰产生于对欢乐的渴望，如果没有这种渴望，就不会有追求，因而也就不会有追求遭到挫折的痛苦体验。正如李泽厚所说："表面看来似乎是如此颓废、悲观、消极的感叹中，深藏着恰恰是它的反面，是对人生、生命、命运、生活的强烈欲求和留恋。"[1] "登高吾不说兮，入下吾不能"，

> 帮助学生理解：因为有追求、有向往、有对美好的执着才会有伤感，而这伤感也恰恰表现了超越与升华。

这是伤感和痛楚，但这伤感和痛楚中却分明表现着坚持、超越和希望。[2] 正可谓"路曼曼其修远兮，吾将上下而求索"，伤感的文字是泪中带笑，这显现了人的精神的高贵，面对伤痛，我们可以凝视它，了解它，触摸它，描摹它，甚至欣赏它，经过痛苦的不停的打磨，我们的情感最终变得细腻而又莹润，散发出安定而又明亮的光。

优美与壮美

同一条河，在春天缓缓流淌，波光粼粼，草长莺飞；到了夏天，高涨的、浑浊的河水湍急下泄，打在巨石上轰轰作响，浪花飞溅，这两种景象都能给人带来美感，但美感的类型却不一样。朱光潜在《文艺心理学》中提出了"刚性美与柔性美"："自然界本有两种美，老鹰古松是一种，娇莺嫩柳又是一种。老鹰古松是刚性美，娇莺嫩柳是柔性美。"据俞文豹《吹剑录》

---

[1] 李泽厚:《美的历程》，中国社会科学出版社 1987 年版，第 150 页。
[2] 朱良志:《中国美学十五讲》，北京大学出版社 2006 年版，第 98 页。

记载，苏东坡为翰林学士时，曾问幕下士："我词何如柳七？"幕下士答道："柳郎中词只合十七八女郎，执红牙板，歌'杨柳岸，晓风残月'。学士词须关西大汉，铜琵琶、铁绰板，唱'大江东去'。"这一典故形象地指出了柳永词与苏轼词风格的不同：前者为优美，后者为壮美。优美与壮美都能给人带来精神的愉悦，但二者的心理效应不同，其发生的心理机制也不同。

朱光潜认为：[1]

秀美的事物立刻就叫我们觉得愉快，它的形态恰合我们感官脾胃，它好比一位亲热的朋友，每逢见面，他就眉开眼笑地赶上来，我们也就眉开眼笑地迎上去，彼此毫不迟疑地、毫无畏忌地握手道情款……雄伟事物则不然，它仿佛挟巨大的力量倾山倒海地来临，我们常于有意无意之中觉得自己渺小，觉得它不可了解，不可抵挡……我们不觉忘却自我，聚精会神地审视它，接受它，吸收它，模仿它。

> 让学生说出让自己感到优美的事物及其引发的感受，与文本中优美的形象比照，从而了解优美的表现、本质及感受。

壮美与优美这对范畴可以上溯到《易传》的"阳刚阴柔"："刚柔相摩，八卦相荡""刚柔相推，变在其中矣"。[2]在这种思想影响下，中国古典美学把美区分为两大基本类型：壮美与优美。清魏禧对比了优美和壮美及其引发的审美感受：壮美"洪波巨浪，山立而汹涌者"，优美则"沦涟漪，皱蹙而密理者"；壮美令人"惊而快之，发豪士之气有鞭笞四海之心"；优美则令人"乐而玩之，有遗世自得之慕"。

> 优美以委婉柔和的形象引发平静的愉悦感，因合人的需求而让人感到满意、满足。

客观上，优美的形象往往温婉柔和，如精致、轻盈、小巧、素静、柔媚、清新、秀丽、淡雅等等；主观上，优美的事物和形象合宜人的需求，使

---

① 朱光潜：《朱光潜美学文集（第一卷）》，上海文艺出版社1982年版，第236页。
② 叶朗：《中国美学史大纲》，上海人民出版社2006年版，第78页。

人们在悠然自得中体验温馨的满足、宁静的欢愉，如孔子"吾与点也"之乐，周敦颐"窗前草不除"之趣，陶渊明"采菊东篱下，悠然见南山"之情，刘禹锡"无丝竹之乱耳，无案牍之劳形"之悠，司空图"玉壶买春，赏雨茅屋，坐中佳士，左右修竹"之雅……与优美关联的是乐而不淫、哀而不伤、怨而不怒的古典情绪。"江南好，风景旧曾谙。日出江花红胜火，春来江水绿如蓝。能不忆江南？"这首《忆江南》之所以是优美的，因为它虽然饱含着隐隐的乡愁，但还没有表现出过多的痛苦。[1] 因此，过于深刻的理性思考，过于强烈的意志诉求，过于动荡的情感体验都不适于塑造优美的形象。

壮美可理解为壮观之美。什么是壮观？壮，大也（《说文》）；壮，健也（《广雅》）。中学课文《安塞腰鼓》充分展现壮美：人数多、动作齐、声音大、力量足、背景广袤、小伙儿粗犷……，其中既有"大"也有"健"。由"大"可延伸到体量大（包括数量多）、气势大、阵仗大。一只大雁在天空飞过，我们会

> 用上述理解优美的方式引导学生理解壮美。抓住壮美的核心：壮——大而强健。

觉得其飞行姿态很优美，一百只大雁组成一定的队形从天空飞过，我们就会感受到壮美。由"健"可延伸到健壮、有活力、生命力顽强。无论是个体、自然还是社会，由小到大、由弱到强的发展往往要克服重重困难，抵抗巨大的压力，最终取得令人瞩目的成就，达到令人惊叹的高度，因此，大和壮体现的是坚强的意志和蓬勃的生命力，这往往给人以美的感受。

"壮美"以刚毅巨大的形象引发激昂的愉悦感，在"壮美"对象那高大的形体、恢弘的气势、孔武的力量背后，常常暗含着坚强的意志、广博的情怀、果敢的精神——如姚鼐所说："如凭高视远，如君而朝万众，如鼓万勇士战之。"与优美的和谐、适宜不同，壮美的对象和审美主体之间存在着对抗的关系，使

> 引导学生理解"壮美的事物与审美主体之间存在'对抗'关系：壮美的事物能激发人们的豪壮之气而令人产生快感。

---

[1] 陈炎：《六大情感范畴的历史发展与逻辑关系》，《文艺理论研究》2011 年第 5 期，第 4 页。

审美主体产生惊怖的情绪，同时又在审美主体内心激起一种摆脱琐细平庸的境界而上升到更广阔、更有作为的境界的豪壮之气，即魏禧所说的"惊而快之""且怖且快"。"怖"不是现代汉语中的"恐怖"所表达的含义，而是由于审美对象的"强""健"而带来的精神冲击，并在此基础上而产生的一种深刻、强大的欢乐。

熟稔美与新奇美

一个在南方生活多年的北方人在冬天会怀念家乡的雪，记忆中的雪一定很美；一个从来没有见过雪的南方人第一次见到北方的雪会非常欣喜，前者是因熟稔而产生的美感，后者是因新奇而产生的美感。我们从文学中感受作者的经验，这种经验如果读者曾经历过，那就是熟稔的，如果没有经历过，那就是新奇的。例如，高中课文《老北京的四合院》，详细描写了作者记忆中老北京四合院的样子，以及其中的人、事、风俗，读这样的文章，对于有过这种经历的人来说是熟稔的，对没有见过四合院、没有体验过老北京风俗的人是新奇的，无论是熟稔的还是新奇的，都能给人带来美感。

> 帮助学生理解，充满回忆的文章中所蕴含的熟稔是美感的来源。

中小学有很多回忆类文章，如鲁迅的《从百草园到三味书屋》，很多教师觉得这样的文章难讲，因为作者的回忆与学生的生活隔得太远，学生很难有共鸣。这样的文章美在哪里，应该怎么教？高中语文教材中张爱玲的文章《更衣记》中有一段话：

从前的人吃力地过了一辈子，所作所为，渐渐蒙上了灰尘；子孙晾衣裳的时候又把灰尘给抖了下来，在黄色的太阳里飞舞着。回忆这东西若是有气味的话，那就是樟脑的香，甜而稳妥，像记得分明的快乐，甜而怅惘，像忘却了的忧愁。

"甜而稳妥，甜而怅惘"，多么精妙动人的感觉。这种感觉来自熟稔，来自回忆。这些回忆或因挑起过往的感动，或因激发当下的领悟而成为美感的来源。

汪曾祺的《端午的鸭蛋》被选入初中课本，其中有一句话："高邮咸蛋的黄是通红的……我在北京吃的咸鸭蛋，蛋黄是浅黄色的，这叫什么咸鸭蛋呢！"只是鸭蛋的品种不同、腌制方法不

> 引导学生回忆难忘的人或事，体会负载着回忆的文字所表现的美感。

同，凭什么北京的咸鸭蛋就不是咸鸭蛋了呢？真正的原因在于：家乡的咸鸭蛋负载着作者美好的回忆，正是因为这美好的回忆，高邮的咸鸭蛋才是世界上"最好的""真正的"咸鸭蛋。再看汪曾祺的《咸菜茨菇汤》：

> 我小时候对茨菇实在没有好感。这东西有一种苦味。民国二十年，我们家乡闹大水，各种作物减产，只有茨菇却丰收。那一年我吃了很多茨菇，而且是不去茨菇的嘴子的，真难吃。
>
> 我十九岁离乡，辗转漂流，三四十年没有吃到茨菇，并不想。
>
> ……因为久违，我对茨菇有了感情。前几年，北京的菜市场在春节前后有卖茨菇的。我见到，必要买一点回来加肉炒了。家里人都不怎么爱吃。所有的茨菇，都由我一个人"包圆儿"了。

作者在文章的末尾单立一段写"我很想喝一碗咸菜茨菇汤"。对于作者来说茨菇有两种，一种是作为蔬菜的茨菇，它的味道不会变；另一种是记忆中的茨菇，经过时间的浸渍，显然有了独特、复杂而又动人的味道。

> 文本以回忆的形式表现熟稔，往往会打上情感的烙印，这份情感是审美的核心。

2012 年的优秀纪录片《舌尖上的中国》有一段解说词写得好：

> 在湖南，稻田里的禾花开了，也到了苗族人制作腌鱼和做腊肉的时节。湘西木材丰富，熏烤腊肉的燃料以硬木为佳，如茶树和杨梅树。熏烤时，要把腌制好的肉挂在取暖做饭的火塘之上，还不断将松果、茶壳、桔皮等放入火塘，这样熏烤出来的腊肉，就会带着茶果的香味。对纯朴的苗家人来说，

腌鱼腊肉，不仅仅是一种食物，而且是被保存在岁月之中的生活和记忆，永远也难以忘怀。

让苗家人感到美的不仅是熟悉、传统的口味，更是这食物及其制作方法、制作过程、制作的人所承载的情感牵挂。逢年过节，一个在外漂泊的苗家游子，自然会想起故乡的腊肉，伴随的是亲人的面孔、醺热的美酒、温情的家常、父母的絮叨、亲切的老屋、熟悉的街景、儿时的伙伴……腊肉此时作为一个载体，承载了这些温馨的画面和情感，让人觉得美、怀念和陶醉。

如何理解新奇？什么是文学中的新奇美？总的说来，文学的新奇美源于文本给学生展现了一个新鲜而奇异的世界。优秀的文学作品一定是独特的，好的作者凭借"能感之""能写之"创造了一个独特的经验和情感世界，这个世界中的绝大部分内容都是学生没有经历过的，学生能从中获得新鲜奇特的体验，藉此扩展自己的生命领域，这必然会带来欣喜愉悦的感受。我们来看陶渊明的诗词：

飘飘西来风，悠悠东去云。(《与殷晋安别一首并序》)

采菊东篱下，悠然见南山。(《饮酒·其五》)

梅柳夹门植，一条有佳花。(《蜡日》)

寒风拂枯条，落叶掩长陌。(《杂诗·其七》)

微雨从东来，好风与之俱。(《读山海经·其一》)

弱湍驰文舫，闲谷矫鸣鸥。(《游斜川》)

引导学生发现文本呈现的超越个体经验的新鲜与有趣，从而感受因眼界开阔而形成的美感。

暧暧远人村，依依墟里烟。(《归园田居·其一》)

道狭草木长，夕露沾我衣。(《归园田居·其三》)

栖栖失群鸟，日暮犹独飞。(《饮酒·其四》)

无论是高压社会中煎熬的成年人，还是对未来人生感到迷茫的少年，读这样的诗词一定会感觉就像闷热的屋子突然打开了窗户，清风吹了进来，心灵顿感安宁和平静。这些诗词是陶渊明独特的人生体验，这独特对读者来说是新奇的，这新奇触发了强烈的审美体验。不需要任何的文学理论，也不需要参考专家的评价，学生就能够鲜明地感受到陶诗中的田园精神，形式上的自然、任真、冲淡，这种遗世独立、高蹈绝尘的情怀让陶诗卓尔不群且受到万世万人的喜爱。

司马迁在《高祖本记》中对韩信欲立假齐王一事是这样描写的：

韩信已破齐，使人言曰："齐边楚，权轻，不为假王，恐不能安齐。"汉王欲攻之。留侯曰："不如因而立之，使自为守。"乃遣张良操印授立韩信为齐王。

而在《淮阴侯列传》中对此事的记载却是戏剧性的：

汉四年，遂皆降。平齐。使人言汉王曰："齐伪诈多变，反覆之国也，南边楚，不为假王以镇之，其势不定。愿为假王便。"当是时，楚方急围汉王于荥阳，韩信使者至，发书，汉王大怒，骂曰："吾困于此，旦暮望若来佐我，乃欲自立为王！"张良、陈平蹑王足，因附耳语曰："汉方不利，宁能禁信之王乎？不如因而立，善遇之，使自为守。不然，变生。"汉王亦悟，因复骂曰："大丈夫定诸侯，即为真王耳，何以假为！"乃遣张良往立信为齐王，征其兵击楚。

张良和陈平蹑王足、附耳语的一句，写出了张良和陈平的机智、高瞻远瞩、富于权谋；而刘邦的两次骂（前一次真骂、后一次假骂），则写出了刘邦能够听取下属的建议、善于随机应变的特点。后一段的描写显然包含诸多虚构，而小说正是凭借虚构的手法给我们

> 让学生感受文学中五彩缤纷的世界，感受其中的新奇美。

呈现了一个新奇的世界。通过这样的文字，学生"认识"了现实生活中可能一生都无法遇到的有个性、有光彩的人，了解了有趣的历史事件，体验了作者投射在这些事、这些人上的情意。学生能从文学作品中看到慷慨，也能看到悭吝；能看到大英雄，也能看到小人物；能看到光明磊落，也能看到阴暗

龌龊；能看到战火纷飞，也能看到歌舞升平；能看到彻骨的悲凉，也能看到醉人的温暖；能看到春寒中的生发，也能看到晚秋中的摇落；能看到经世济国，也能看到田园归隐……文学是一个万花筒，轻轻地转动、细细地品味，就能看到一个无限丰富、变化多端的世界。

文学的新奇美还来自个体与文本交流时的"发现"。余华在他的一篇杂文中写道：①

我有口无心地读着语文课本里鲁迅的作品，从小学读到高中，读了整整十七年，可是仍然不知道鲁迅写下了什么？我觉得鲁迅的作品沉闷、灰暗和无聊透顶。

……

> 引导学生理解新奇不仅源于从文本看到一个新世界，同时也是自我精神世界的更新，这同样带来极大的愉悦。

时光来到了一九九六年，一个机会让我重读了鲁迅的作品。一位导演打算将鲁迅的小说改编成电影，请我为他策划一下如何改编……当天晚上开始在灯下阅读这些我最熟悉也是最陌生的作品。读的第一篇小说就是我曾经谱写成歌曲的《狂人日记》，可是我完全忘记了里面的内容，小说开篇写到那个狂人感觉整个世界失常时，用了这样一句话："要不，赵家的狗为何看了我一眼。"我吓了一跳，心想这个鲁迅有点厉害，他只用一句话就让一个人物精神失常了。另外一些没有才华的作家也想让自己笔下的人物精神失常，可是这些作家费力写下了几万字，他们笔下的人物仍然很正常。

《孔乙己》是那天晚上我读到的第三篇小说。这篇小说在我小学到中学的语文课本里重复出现过，可是我真正阅读它的时候已经三十六岁了。读完了《孔乙己》，我立刻给那位导演打电话，希望他不要改编鲁迅的小说，我在电话里说："不要糟蹋鲁迅了，这是一位伟大的作家。"

第二天，我就去书店买来了"文革"以后出版的《鲁迅全集》。……从

---

① 余华:《鲁迅是我这辈子唯一讨厌过的作家》，http://book.ifeng.com/a/20150829/17199_0.shtml。

书店买来《鲁迅全集》后的一个多月里，我沉浸在鲁迅清晰和敏捷的叙述里。我后来在一篇文章里这样写道："他的叙述在抵达现实时是如此的迅猛，就像子弹穿越了身体，而不是留在了身体里。"

正可谓"少年听雨歌楼上，壮年听雨客舟中，而今听雨僧庐下"。余华重新"发现"了鲁迅，从余华动情的表述中，我们能感知到这个发现多么激动人心，多么美不胜收！余华发现了一个新的鲁迅，发现了鲁迅笔下的新世界，也发现了一个新的自己。

文学的世界是一个多维的空间：有时间维度，从古至今跨越几千年；有空间维度，发生在不同地域的奇闻逸事；还有情意维度，人类千千万万种的情感在文学作品中得以交织和展现。教师要有意识地在这三个维度上进行拓展，文本的关联和对比是一个好方法。讲唐代散文的时候，和先秦散文或宋代散文进行比较，让学生在一个更长的时间维度上感受散文的演变；讲鲁迅讽刺小说的时候，可以和契诃夫、莫泊桑的讽刺小说进行比较，让学生在一个更广的空间维度上感受不同的写作内容和写作技法；讲古诗词中的"离别"时，可以对比多个诗人、多首诗词对离别的描写，让学生在情意维度上体验细腻动人的情意表现。在这样的拓展中，学生了解了很多事情，做了很多思考，调动了很多情感，明白了很多道理，这让学生有机会体验精神和心灵的美感，感受巨大的满足和欢愉。

崇高美

古希腊三大悲剧家之一埃斯库罗斯在《被缚的普罗米修斯》中写道：[1]

忍受仇敌的迫害算不得耻辱。让电火的分叉鬓须射到我身上吧，让雷霆和狂风的震动扰乱天空吧；让飓风吹得大地根基动摇，吹得海上的波浪向上猛冲，紊乱了天上星辰的轨道吧，让宙斯用严厉的定数的旋风把我的身体吹

---

①［古希腊］埃斯库罗斯：《被缚的普罗米修斯》，见《古希腊戏剧选》，人民文学出版社 1998 年版，第 46 页。

起来，使我落进幽暗的塔尔塔罗斯吧；总之，他弄不死我。

这样的文字给我们最直接、最强烈的体验就是崇高。朗吉弩斯在《论崇高》中从审美的角度在西方首次提出崇高这一概念，并把崇高看作是文学作品的一个很重要的品质，包括伟大、雄伟、壮丽、庄严、神圣、堂皇、遒劲、刚劲、粗豪、高雅、绮丽、奇特等含义。朗吉弩斯认为，文学中的崇高表现了庄严伟大的思想，他的名言"崇高的风格是一颗伟大心灵的回声"。崇高指向两个方面：主体——崇高的人，客体——崇高的事业。文学所表达的崇高美有以下几个特征：表现在拼搏和抗争中；追求他人、社会乃至全人类的福祉；往往付出巨大的代价乃至牺牲。

面对文本中崇高的人与事，让学生说出其真实的情感体验，进而引导学生理解这种体验为何蕴含美的愉悦。

崇高感是人类早期就存在的情感体验，通过"圣化"①的过程塑造英雄是人类产生崇高这一情感体验的源头。远古时期，受认知能力所限，先民们无法科学解释各种自然现象，例如，面对洪水的泛滥，基于万物有灵的思想，他们会认为这是"水怪"作乱，他们有两种应对的方法，一是央求水怪能够不要动怒、发发慈悲；二是祈求一个能够与水怪抗衡的"英雄"现身，与水怪进行搏斗。在远古时期，这个英雄是有"神性"的，他可能看不见摸不到，却有超人的能力，同时还有人的思维、个性与情怀。洪水退去的时候，先民们往往会认为是这个英雄拯救了他们。同时，先民们会将自己与洪水搏斗、在洪水中幸存或牺牲等体验投射到这个英雄的身上，通过神话传说显现这个英雄的伟大，记录他充满艰险的搏斗和巨大的牺牲，表现对他的崇敬。作为文学最初的萌芽，这样的神话传说强调了崇高的人和崇高的行为。

引导学生理解为什么崇高感自古就有，它对人类为什么重要？

《夸父逐日》中，夸父追赶太阳，道渴而死，临死前把手杖抛在荒野之中，长出了广阔的桃林，以此表现其不屈的意志。《精卫填海》中，炎帝的

---

① 有关"圣化"参见乌丙安：《中国民间信仰》，上海人民出版社1995年版，第222页。

小女儿游于东海，溺而不返，化为"文首、白喙、赤足"的小鸟精卫，天天衔着木石去填广阔无边的东海。"口含山石细，心望海波平"的行为使人不能不为精卫的情怀和毅力所感动。《普罗米修斯》讲述一位名叫普罗米修斯的天神来到了人间，看到人类没有火的悲惨情景，冒着生命危险，到太阳神阿波罗那里去盗取火种。宙斯给了他最严厉的惩罚，普罗米修斯被死死地锁在高高的悬崖上，日夜遭受着风吹雨淋的痛苦，一只鹫鹰每天啄食他的肝脏。

随着文明的发展、科学技术的进步、人类自我意识的增强，神性的崇高逐渐让位给人性的崇高，崇高的主体从神转移到了人的身上，对神性的崇拜转向对人性的赞美。人们认识到，战争中为了正义和人民福祉而牺牲的人是崇高的，社会建设中拼命工作、默默奉献的人是崇高的，日常生活中舍己为人、高风亮节的人也是崇高的。

对崇高的认知为什么会带来美感？

在《论崇高》一文中，朗吉弩斯指出："做庸俗卑鄙的生物并不是大自然为我们人类所制定的计划；它生了我们，把我们生在这宇宙间，犹如将我们放在某种伟大的竞赛场中，要我们既做它的丰功伟绩的观众，又做它的雄心勃勃、力争上游的竞赛者；它一开始就在我们的心灵中植有一种所向无敌的、对于一切

> 为崇高的人和事感到自豪，进而产生对崇高的向往与追求，这种精神的涤荡是崇高美的核心。

伟大事物、一切比我们自己更神圣的事物的热爱。"[1] 车尔尼雪夫斯基说："静观伟大之时，我们所感到的或者是畏惧，或者是惊叹，或者是对自己的力量和人的尊严的自豪感，或者是肃然拜倒于伟大之前，承认自己的渺小和脆弱"。正是在追求和抗争的过程中，人们看到意志与力量，赞叹勇气与毅力，讴歌付出与牺牲，欣赏壮美与宏伟，体验尊严与自豪——所有这一切，都成为审美的过程，成为提升人的精神境界的过程。

前言中提到，小说《平凡的世界》中，一个生活困顿的少年被《钢铁是

---

[1] 伍蠡甫、蒋孔阳：《西方文论选》上卷，上海译文出版社1979年版，第129页。

怎样炼成的》主人公保尔·柯察金"迷住了"——"他的眼前不时浮现出保尔瘦削的脸颊和他生机勃勃的身姿。他那双眼睛并没有失明,永远蓝莹莹地在遥远的地方兄弟般地望着他。"少年被一个崇高的人及这个人所从事的崇高的事业强烈地震撼了,他"看到了"一个辽阔的大世界,开始梦想自己也

引导学生思考崇高美与前面所说的壮美有什么联系和区别。

能活得更好,在那一瞬间,生活的诗情充满了这个十六岁少年的胸膛!这就是一个少年从这个文学作品、从作品中的人物形象上感受到的崇高美!这种美感体验激发了一个少年向上的勇气和意志。这体现了李泽厚所说的:"崇高美是由于一种激荡的、积极要求向上的精神提高而引起的满足和愉快。这种震荡可以激起自己的勇敢和意志,也可以激起自己的志气和上进心,要求学习对象、赶上对象……总之是要求摆脱、克服、净化自身的渺小、卑琐、平庸而向上飞跃。"[1]朱光潜说:"无论什么东西,难能才见可贵。有冲突然后有奋斗,有奋斗然后有道德意识,有道德意识然后有快慰。奋斗愈剧烈,道德意识愈鲜明,快慰也愈深切。"[2]教师要引导学生理解:崇高是奋斗的过程,这个过程充满了艰辛,要付出巨大的代价乃至牺牲。但也就是这样的过程才珍贵,才值得人们的讴歌与景仰。黑格尔在《历史哲学》中说,"自己在对象面前感到渺小、平庸或困难而激起强烈要求奋发之情,于是感到自己的精神境界是大大地提高了,从而引起喜悦。"[3]崇高的人、崇高的事业为人们指引了奋发与拼搏的道路,教师要帮助学生理解崇高的意义,形成真切的情感共鸣,并内化为自己的生存意义,让学生从这意义中感受希望与欣喜,最终成为一种深刻的审美体验。

---

① 李泽厚:《美学论集》,上海文艺出版社 1980 年版,第 203 页。
② 朱光潜:《朱光潜美学文集(第一卷)》,上海文艺出版社 1982 年版,第 251 页。
③ 转引自:李泽厚:《美学论集》,上海文艺出版社 1980 年版,第 203 页。

悲剧美

悲剧向来被认为是最高的文学形式，取得杰出成就的悲剧家也是人间最伟大的天才，大多数理论家们也都认为悲剧是最伟大、最重要的一个文学审美范畴。朱光潜指出："如果美学理论忽略了历来受到尊重的悲剧这种艺术形式，就够不上称为美学。"[①] 叔本华说："无论是从效果巨大的方面看，或是从写作的困难这方面看，悲剧都要算作文艺的最高峰。"[②]

> 让学生思考，为什么悲剧有极高的审美价值，甚至被认为是最高的文学形式、文艺的最高峰。

悲剧包括命运悲剧、人性悲剧、性格悲剧和社会悲剧等类型，其中命运悲剧最为深刻、最为动人。曹禺在《雷雨·序》里说：

在这斗争的背后或有一个主宰来使用他的管辖。这主宰，希伯来的先知们赞它为"上帝"，希腊的戏剧家们称它为"命运"，近代的人撇弃了这些迷离恍惚的观念，直截了当地叫它为"自然的法则"……我念起人类是怎样可怜的动物，带着踌躇满志的心情，仿佛是自己来主宰自己的运命，而时常不是自己来主宰着。受着自己——情感的或者理解的——的捉弄，一种不可知的力量的——机遇的，或者环境的——捉弄；生活在狭的笼里而洋洋地骄傲着，以为是徜徉在自由的天地里。称为万物之灵的人物，不是做着最愚蠢的事么？……我是个贫穷的主人，但我请了看戏的宾客升到上帝的座，来怜悯地俯视着这堆在下面蠕动的生物。他们怎样盲目地争执着，泥鳅似地在情感的火坑里打着昏迷的滚，用尽心力来拯救自己，而不知千万仞的深渊在眼前张着巨大的口。他们正如一匹跌在泽沼里的羸马，愈挣扎，愈深沉地陷落在死亡的泥沼里。

---

① 朱光潜：《悲剧心理学》，安徽教育出版社，1996，第13页。
② [德] 叔本华：《作为意志和表象的世界》，商务印书馆1982年版，第350页。

《雷雨》是一出典型的命运悲剧。《雷雨》的情节中有非常多的"巧合"：鲁侍萍被赶出周家30年后，"阴差阳错"在另一个地方又回到了周家；她的丈夫鲁贵、女儿鲁四凤和儿子鲁大海，"恰恰"受雇于她的"前夫"周朴园；鲁侍萍的女儿四凤"偏偏"与周家大少爷、同母异父的哥哥周萍相爱；而周萍"竟然"与年轻的后母繁漪私通，后者死死缠着他不肯放手；"更复杂的"是周朴园的儿子周冲又爱恋着四凤。命运悲剧中的这些"巧合"似乎预示着有神秘而超自然的力量在"安排"着人、事、环境，包括人和人的相遇、人会遇到哪些事、人会处于怎样的情境等。在这样的安排面前人无力反抗、不能讨价还价甚至茫然无知。《雷雨》中有一个细节，繁漪吩咐鲁贵叫电工修理花园藤萝架

悲剧包括命运悲剧、人性悲剧、性格悲剧和社会悲剧等类型，引导学生理解为什么命运悲剧最为深刻和动人。

上掉落的电线，可是还没来得及修理，主人公之间的矛盾冲突发展到高潮，四凤在大雨中冲出屋子，碰到了这条电线，周冲拉了一把，两个人一块儿触电死了，周萍看到这一切绝望地举枪自尽。这个情节不禁让所有读者心中一惊，似乎感到有一股神秘的力量在安排着这一切，这就是朱光潜提到的"超自然的气氛"。在大多数伟大的悲剧中往往有一种神怪的气氛，如《麦克白》中女巫的一场、《哈姆雷特》中鬼魂的一场、《裘力斯·凯撒》和《李尔王》中暴风雨的场景等。这种气氛加强了悲剧感，昭示了因"命运"而带来的悲剧。[①]

　　命运是一种极大的力量，人们在命运悲剧中认识到了个人的渺小与无力，产生了对命运这一神力的敬畏，悲剧因此而具有很强的宗教感——无论悲剧主人公多么大智大勇，无论他怎样殚精竭虑，拼死挣扎，他总是"面对一个为人所无法洞悉的，使人即使怀着最善良的愿望仍要归于失败的某种力量或原则所控制的世界"[②]。他的不幸、毁灭几乎是命中注定，不可逃避的。这种绝对的否定力量（原则），或者是希腊悲剧中的所谓命运，或者是莎士

---

① 朱光潜：《悲剧心理学》，安徽教育出版社1996年版，第54-55页。
② ［德］G·A·施克：《希腊悲剧》，见《古希腊三大悲剧家研究》，中国社会科学出版社1986年版，第529页。

比亚悲剧中的所谓意志，或者是偶然的机遇、普通的原则、历史的规律，有时甚至是弗洛伊德所谓无意识中失去自我控制的生命本能。

悲剧的悲剧性，必然来自人们所珍惜和向往的某种东西、理想或价值被毁灭、被否定。悲剧艺术所表现的必须是"足以引起恐惧和怜悯之情的事件"，[①]"一个不幸或者苦难的故事"，[②]正如鲁迅指出的那样，"悲剧是将人生的有价值的东西毁灭给人看"。悲剧"以表出人生可怕的一面为目的，是在我们面前演出人类难以形容的痛苦、悲伤，演出邪恶的胜利，嘲笑着人的偶然性的统治，演出正直、无辜的人们不可挽救的失陷"。[③]

价值只有在同反价值力量进行较量，受到否定时，才能产生悲剧。[④]战争双方死伤无数，这不是悲剧，因为这是两种可抗衡的力量，而人类无可避免地要遭受战争的戕害则是悲剧。此外，如果价值本身在力量上超出了反价值，那么它的毁灭便只能是偶然的、个别的或暂时的，虽然它也多少带有悲剧意味，展示这样内容的作品是正剧而不是悲剧。正像老舍所指出的那样，《刘胡兰》《董存瑞》之类的作品虽然也描写了英雄的死，但由

> 帮助学生理解不可抵抗的强大力量最终将美好的、有价值的东西毁灭，这是悲剧的核心，也是悲剧为什么蕴含美的关键。

于胜利感压倒了悲剧感，所以它们并不是悲剧。[⑤]悲剧的悲剧性在于，价值无法战胜、超越反价值，在合理性与现实性之间、愿望和事实之间、目的和手段之间，还存在一条不可逾越的鸿沟。正是从这个意义上讲，"所有伟大的悲剧都是提出问题，而不提供解决的办法"。[⑥]

悲剧为什么具有审美价值，我们能从悲剧中获得怎样的美感？

宗白华说："肯定矛盾，殉于矛盾，战胜矛盾；在虚空毁灭中寻求生命

---

①［古希腊］亚里士多德：《诗学·诗艺》，人民文学出版社1982年版，第37页。

②［英］布拉德雷：《黑格尔的悲剧理论》，《古典文艺理论译丛（8）》，人民文学出版社1964年版，第182页。

③［德］叔本华：《作为意志和表象的世界》，商务印书馆1982年版，第350页。

④尹鸿：《悲剧意识与悲剧艺术》，安徽教育出版社1992年版，第28页。

⑤老舍：《老舍文集（第十六卷）》，人民文学出版社1991年版，第485页。

⑥［英］尼柯尔：《西欧戏剧理论》，中国戏剧出版社1985年版，第162页。

的意义，获得生命的价值，这是悲剧的人生态度。"① 希腊悲剧写作大师索福克勒斯的杰作《安提戈涅》描述了俄狄浦斯的女儿安提戈涅与僭主克瑞翁的冲突。俄狄浦斯自我流放后，他的两个儿子厄忒俄克罗斯和波吕涅刻斯为争夺王位而斗争，后者引来外国援军攻打忒拜，但二人全都战死。克瑞翁认为厄忒俄克罗斯是为国捐躯，应予厚葬，而波吕涅刻斯则是叛国者，要曝尸于野。死后得不到埋葬，灵魂就没有归宿，亲属负有安葬死者的神圣义务，这是古往今来的"神律"，安提戈涅必须掩埋她的哥哥。但克瑞翁有令，胆敢埋葬叛国者的一律处斩，这是依时而定的"人律"。何去何从，必须抉择！

> 帮助学生理解我们为什么能从悲剧中审美：人类面对悲剧的态度与行为——不屈、抗争与从容。

安提戈涅公主是赋有自由意志的坚强女性，她终于尽了手足情谊而作了自我牺牲。她的选择让人肃然起敬，而其死亡也正是她的胜利！安提戈涅公主的肉体被毁灭了，但她的灵魂完成了自我塑造，她勇敢地面对矛盾和挑战，用悲剧的音符奏响华彩乐章。这说明，悲剧也许无法避免，但自我却可以成为这场悲剧的主人，以一种不败的精神面对失败。存在主义哲学家加缪曾经用西西弗的神话来比喻这种人生观。西西弗受宙斯惩罚，推动巨石爬上山顶，然后巨石又轰然坠下，西西弗又周而复始重新推动这块巨石。他虽然永远不能成功，永远达不到目的，但正是在推动巨石的过程和努力中，他体验到了自己的力量、勇气，他填补了自己生命的空虚，从而找到了人生的自由和价值。②

鲁迅在《野草》《呐喊》《彷徨》以及一些杂文、书信中，都深深流露出人生的孤独、迷茫和苦闷。他甚至说，"我只很确切地知道一个终点，就是：坟"。(《写在〈坟〉后面》)但是，鲁迅的悲剧意识并没有把他引向悲观和虚无，他始终不放弃自己的求索和希望。他曾指出，"绝望之为虚妄，正与希望相同！"(《希望》)他从绝望中寻找希望，用绝望中的希望来支撑自己

---

① 宗白华：《悲剧幽默与人生》，《中国文学》第 1 卷第 1 期（1934 年）。
② 参见［法］加缪：《西西弗的神话》，广西师范大学出版社 2002 年版。

的人生勇气，不管前面有没有道路，不管理想能不能实现，都决不妥协，决不退让，要从布满荆棘的地上踏出一条路来。鲁迅在《过客》中塑造的"过客"形象就是这种观念的体现。这位人生过客虽然不知道前面等待他的究竟是坟场还是鲜花，但他拒绝了老人的劝告、姑娘的挽留和幸福的诱惑，拖着疲惫不堪的身体继续向那个未知的前途跋涉——"希望，希望，用这希望的盾，抗拒那空虚中的暗夜的袭来，虽然盾后面也依然是空虚中的暗夜。"鲁迅后来在谈到"过客"这一形象时指出，"即使虽然明知前路是坟而偏要走，就是反抗绝望，因为我以为绝望而反抗者难，比因希望而战斗者更勇猛，更悲壮"。（《致赵其文》）[1]

可以被打败，不能被打倒，勇敢地直视死亡、毁灭和灾难，反抗死亡，拒绝沉沦，这就是悲剧带给人们的快意！如果悲剧的主人公有力量、有勇气，与反价值力量不断拼搏至死，抗争之后的价值毁灭一方面会让读者感到巨大的悲痛，另一方面又被主人公的豪迈壮举激发出力量与决心，这与崇高感是相同的，是崇高美与悲剧美的融合。

> 引导学生思考：悲剧美与崇高美存在怎样的关联？

朱光潜指出，"一个穷凶极恶的人如果在他的邪恶中表现出超乎常人的坚强和巨人般的力量，也可以成为悲剧人物"。[2]正像别林斯基所分析的那样，莎士比亚的麦克白是一个坏蛋，但却是一个拥有强大而深刻的灵魂的坏蛋，因此，他不使人憎恶，却使人同情，你会看到他是这样的一个人，包含着胜利的可能性，也包含着失败的可能性，如果走另外一个方向，就会变成另外一个人。这也说明，尽管对象本身是邪恶的，但通过悲剧的艺术表现，却可以突出邪恶人物身上的价值，从而赋予他悲剧的色彩。这类悲剧形象，在西方文学史上屡见不鲜，弥尔顿的撒旦、欧里庇德斯的美狄亚、莎士比亚的理查三世、高乃依的克莉奥佩特拉等。

---

① 转引自尹鸿：《悲剧意识与悲剧艺术》，安徽教育出版社 1992 年版，第 20-21 页。
② 朱光潜：《悲剧心理学》，人民文学出版社 1983 年版，第 96 页。

《美狄亚》是古希腊悲剧大师欧里庇得斯的重要作品。[①]该剧表现美狄亚因被丈夫抛弃而杀死他们两个儿子的古老传说。美狄亚是个懂得巫术的热情如火的女子，她不顾一切地爱上了乘"阿尔戈号"快船前来冒险的希腊英雄伊阿宋，帮助他窃取了国宝金羊毛。逃跑途中杀死了前来追击的兄弟，得以安全来到希腊。后来为了王位继承问题，伊阿宋利用美狄亚之助谋杀了叔父，致使自己不得不流亡到科任托斯。悲剧开场时，他们已经过了多年的夫妻生活，虽漂泊异乡，但和睦幸福。然而伊阿宋终于变了心，他为了取得科任托斯的王权决计要抛弃美狄亚，再与该国公主格劳刻成婚。无嗣的国王出于王位安全和女儿利益的考虑，在公主婚典前驱逐美狄亚及她的孩子。陷于绝境的女主人公痛苦得几乎发狂，终于变成了一头报复的狮子。她先烧死了国王父女，又手刃自己亲生的两个儿子，以绝丈夫后代，之后乘龙车飞往雅典避难。

美狄亚做了不少奸恶之事，同时也受到命运无情的打击；她充满巨大的能量，这能量伤害了别人，也灼伤了自己；她既是加害者，又是受害者。如果有上帝、先知、主宰，我们不禁要问，为什么要将人置于如此矛盾、挣扎、痛苦的境地？——这就是悲剧！在中国，道德本位的观念使人们在任何情况下都激烈批判邪恶的负价值，或者说，根本就不认为与邪恶相联系的巨大（负）能量是有意义的、值得深思的。即使像曹禺笔下的繁漪、陈白露、仇虎、花金子之类并非穷凶极恶而只是带有恶的意味的形象，人们也不愿承认和肯定他们身上"野性"的价值，总是喋喋不休地批判他们的各种过失和弱点。可以说，这是道德至上的观念扼杀了悲剧的眼光。[②]这个提示很重要，教师在教学中要关注反面人物的悲剧意味，让学生体会这些形象所展现的悲剧力量，不要用道德审判代替文学赏析，要让学生从这些反面形象中体味悲悯以及对人类命运的叩问。

综上所述，悲剧对现实苦痛进行了浓缩、抽象、编织、渲染，人们能够

---

① [古希腊] 欧里庇得斯：《美狄亚》，见《欧里庇得斯悲剧二种》，人民文学出版社 1958 年版，第 38 页。

② 尹鸿：《悲剧意识与悲剧艺术》，安徽教育出版社 1992 年版，第 32-33 页。

从悲剧中体味、反思乃至欣赏苦痛，苦痛成为人类的认识对象并被艺术化，人们在悲剧中深刻地思考、透彻地领悟、真正地释然，这显示了人类的聪慧与勇气。尼采认为，理性上世界和人生没有意义，但情感上却可以用欣赏的眼光看待这没有意义的世界，乃至从中获得愉悦体验。他认为悲剧将本体世界艺术化，使得我们通过悲剧可以用审美的眼光看待无意义的世界及其中的苦痛，从而使得现实的苦难化作了审美的快乐，人生的悲剧化作了世界的喜剧——"就算人生是幕悲剧，我们要有声有色地演这幕悲剧，不要失掉了悲剧的壮丽和快慰。"① 一位法国诗人说过："只有平庸的心灵，才产生平庸的痛苦。"悲剧包含但又超越了痛苦，悲剧展示了人类无法回避的重大、深刻、永恒的问题，面对这些问题，显示了人们的勇气；思索这些问题，显示了人们的觉醒。因此，悲剧的美仍然体现了前面所说的美感的本质——精神的愉悦、心灵的快慰。

幽默美

幽默是"会心的一笑"，这笑可能是轻松的、快意的，也可能是带着眼泪的、苦涩的。米兰·昆德拉在耶路撒冷文学奖获奖致辞中说："我很喜欢一句犹太谚语'人类一思索，上帝就发笑'。"他认为小说艺术就是上帝笑声的回响，小说虽然包含理性，但它的本质却是幽默，那些不懂得笑、毫无幽默感的人是艺术的大敌。曹文轩认为，智慧与幽默密不可分——智慧往往是通过幽默而得以呈现的。② 文学擅长表现幽默，理解文学中的幽默是一种高级的精神享受。

> 让学生带着问题学习：为什么幽默是极高的智慧表现？幽默与滑稽有什么区别？

文学中的幽默主要有以下几种类型：

---

① [德] 尼采：《悲剧的诞生——尼采美学文选》，三联书店 1986 年版，译序第 3-7 页。
② 曹文轩：《小说门》，北京大学出版社 1997 年版，第 49 页。

- 讽刺幽默

讽刺幽默是以机智和讽喻为核心的，是一种使人感到有趣、深刻、辛辣、妙悟的表达方式，这与朱光潜所说的"传统幽默"相似："以游戏态度，把人事和物态的丑

拙鄙陋和乖讹当作一种有趣的意象去欣赏。"[1] 作者通过夸张、变形、比拟、虚构，将描写对象与一个新的形象联系起来，这个新形象非常有趣，或者二者的联系极有趣味、意味深长。例如，钱钟书在《围城》中讽刺张先生喜欢话里嵌洋文："他并无中文难达的新意，需要借英文来讲；所以他说话里嵌的英文字，还比不得嘴里的金牙，因为金牙不仅装点，尚可使用，只好比牙缝里嵌的肉屑，表示饭菜吃得好，此外全无用处。"钱钟书在《谈教训》中讽刺道貌岸然："自己有了道德而来教训他人，那有什么稀奇；没有道德而也能以道德教人，这才见得本领。有学问能教书，不过见得有学问；没有学问而偏能教书，好比无本钱的生意，那就是艺术了。真道学家来提倡道德，只像店家替自己存货登广告，不免自我标榜；绝无道德的人来讲道学，方才见得大公无我，乐道人善，愈证明道德的伟大。"这样的文字即是典型的讽刺幽默。

鲁迅强调："现在的所谓讽刺作品，大抵倒是写实。非写实决不能成为所谓讽刺；非写实的讽刺，即使能有这样的东西，也不过是造谣和污蔑而已。"[2] 张天翼也认为，"幽默者，即是真实""把世界上一些鬼脸子揭开，露出了真面目，就成其为幽默""要描写对象本身可笑，才让它可笑。要是作者扮出个滑稽的脸子，说几句自以为俏皮的话，只是浅薄的打诨"。[3] 真正的幽默不仅给读者以畅快淋漓、轻松愉快的笑，还能让读者笑完后陷入沉思。这种智慧的思辨，以有趣和形象的方式，极为犀利地刺穿事物的表象和

---

① 朱光潜：《诗论》，三联书店 1984 年版，第 24 页。
② 鲁迅：《论讽刺》，见《鲁迅论文学与艺术（下）》人民文学出版社 1980 年版，第 828 页。
③ 张天翼：《什么是幽默》，见《张天翼论创作》上海文艺出版社 1982 年版，第 109 页。

伪装，将事物的本质和真相展露出来，这种极富智慧的方式会让读者强烈感受到发现的喜悦。

- 面对荒诞的幽默

"荒诞"指"虚妄不可凭信之"（《辞海》）。加缪给出了颇有意味的荒诞的定义："世界是无法解释的，人在其中是陌生的，没有希望的，只是无所依托的流放者。"[1] 余华在其小说《活着》的前言中写道："作家要表达与之朝夕相处的现实，他常常会感到难以承受，蜂拥而来的真实几乎都在诉说着丑恶和阴险，怪就怪在这里，为什么丑恶的事物总是在身边，而美好的事物却远在海角。"这种不可解释、难以理解就是荒诞感的核心。

> 引导学生理解：荒诞显示了世界的不可理喻、事与愿违、别扭；让学生关注面对荒诞的幽默是如何用文字表现的。

一个缺乏理性、靠消极适应环境而生存的人不会产生荒诞感——"荒谬其实就是指出理性种种局限的清醒的理性"。[2] 只有那些具有很强的人文理性和清醒头脑的人，才能感受到现实世界中那些不易为人察觉的对人造成挤压和侵害的荒诞现象。

鲁迅的《狂人日记》应算是中国文学史上第一篇带有荒诞色彩的作品。作者以日记体片断式的叙写，使故事情节显得杂乱无章，人物语言莫名其妙，心理活动散漫离奇，环境奇异怪诞，这些都强化了作品的荒诞意味。主人公被封建礼教迫害致狂，"语颇错杂无伦次，又多荒唐之言"，思维跳跃性大，敏感、疑惑、恐惧，他的周围世界充满了冷漠、敌意和虚伪，人与人是吃与被吃的关系，世界已是非人的世界，人已是为礼教所异化的人。最终，这个颇有觉悟

> 引导学生理解：面对荒诞的幽默形式是谐趣的，背后的思考却是沉重与深刻的。

---

① [法] 加缪：《西西弗的神话》，广西师范大学出版社 2002 年版，第 27 页。
② 同上，第 43 页。

的狂人也"然已早愈，赴某地候补矣！"这似乎一下子毁灭了人获救的希望，谁也不知道这荒诞的世界还要延续多久，这使人更深刻地体会到非人世界无尽的恐怖。

余华的小说《活着》中的主人公福贵，小时候家里有一百多亩地，既富且贵。年轻的福贵是个二流子、嫖赌毒，最终败光了家产。一直到新中国成立后，他才知道赌博的赢家——龙二——做了手脚。就是这样一个败家子，却娶了一个极贤惠的女人，逆来顺受，对福贵不离不弃。龙二赢了福贵的所有家产，成了富甲一方的大地主，而福贵成了龙二的佃农。土改开始了，龙二倒了大霉，田产被没收，他被定性为恶霸地主。龙二被五花大绑地游街，从福贵身边走过时哭着对他喊道："福贵，我是替你去死啊！"福贵越想越险，要不是当初他败家，被毙掉的就是自己了——多么强烈的荒诞！在全国上下热火朝天大炼钢铁时，村里竟然请来了城里的风水先生寻找炼钢的"风水宝地"，这对大炼钢铁运动本身是一个绝妙的讽刺。在汽油桶里加水煮钢铁的荒唐举措更令人哭笑不得，况且这个主意还是出自一个毛头小孩。最具讽刺意味的是，在福贵一家歪打正着将钢铁煮成之后，队长指着一块乱七八糟的铁，上面还翘着半个锅的形状和几片耷出来的铁片，对福贵说："这钢铁能造三颗炮弹，全部打到台湾去，一颗打在蒋介石床上，一颗打在蒋介石吃饭的桌上，一颗打在蒋介石家的羊棚里。""一颗打在蒋介石的羊棚里"将队长的无知和天真揭示得淋漓尽致，令人捧腹。叙述者用一本正经的语调表现出的无知和天真折射了一个时代的荒诞。

荒诞引发的一个重要的情感反应就是虚无感——不合逻辑的世界让人产生无法把握、很不真实、不知所措的感觉，就像面对一个幻境或一场梦。莎士比亚悲剧《麦克白》第五幕第五场麦克白的台词："人生如痴人说梦，充满着喧哗与骚动，却没有任何意义。"普鲁斯特在《追忆似水年华》中写道："我只觉得人生一世，荣辱得失都清淡

> 引导学生理解：荒诞往往与虚无相伴，表现了人类面对荒诞时的不知所措。

如水，背时遭劫亦无甚大碍，所谓人生短促，不过是一时幻觉。"毛姆在他的小说《寻欢作乐》中写道："我早已发现当我最严肃的时候，人们却总要发笑……莫非是因为人本来就只不过是一个无足轻重的行星上的短暂生命，因此对于永恒的头脑来说，一个人的一生的痛苦与奋斗只不过是个笑话而已。"

荒诞与虚无如影随形，面对荒诞的幽默恰似梦醒之后的反应。《红楼梦》第一回即云："满纸荒唐言，一把辛酸泪。"太虚幻境大门处的对联："假作真时真亦假，无为有处有还无。"荒唐言说的是太虚幻境里的故事，这不正是荒诞与虚空的联结吗？《红楼梦》开卷说这是一篇"历尽离合悲欢炎凉世态之故事而已"，空空道人嫌弃石头上的故事无朝代年纪可考，亦恐世人不爱看几个异样女子或情或痴、或小才微善。石头笑答："我半世亲睹亲闻的这几个女子，虽不敢说强似前代书中所有之人，但事迹原委，亦可以消愁破闷；也有几首歪诗熟话，可以喷饭供酒。……我这一段故事，也不愿世人称奇道妙，也不定要世人喜悦检读，只愿他们当那醉淫饱卧之时，或避事去愁之际，把此一玩，岂不省了些寿命筋力？""新奇别致""消愁破闷""歪诗熟话""喷饭供酒""把此一玩"——这就是作者给《红楼梦》的定位。将一个大家族几世的悲欢沉浮讲成一个供人消遣的故事，些许调侃中又有多少无奈和虚空，真是一把辛酸泪却欲说还休！从繁华跌入苦寂之后，没有放任和放大自己的凄哀与愤懑，而是重新回忆与反思那曾经的繁华，把那时的美景美人再现于世人面前，甚至更加精美、更加动人。即使作者认识到这是一场梦，是上苍的拨弄和玩笑，仍能赏玩一番，并且也让世人从中感受"新奇别致"，这就是面对荒诞的幽默，其中的从容释然引发审美的快感。

• 面对苦难的幽默

余华在《活着》前言中写道："我听到了一首美国民歌《老黑奴》，歌中那位老黑奴经历了一生的苦难，家人都先他而去，而他依然友好地对待这个世界，没有一句抱怨的话。这首歌深深地打动了我，我决定写下一篇这样的小说，就是这篇《活着》，写人对苦难的承受能力，对世界乐观的态度。"

小说的开头，老人福贵正在指挥他的老牛犁田：

"二喜、有庆不要偷懒，家珍、凤霞耕得好，苦根也行啊。"

一头牛竟会有这么多名字？我好奇地走到田边，问走近的老人：

"这牛有多少名字？"

老人扶住犁站下来，他将我上下打量一番后问：

"你是城里人吧？"

"是的。"我点点头。

老人得意起来："我一眼就看出来了。"

我说："这牛究竟有多少名字？"

老人回答："这牛叫福贵，就一个名字。"

"可你刚才叫了几个名字。"

"噢——"老人高兴地笑起来，他神秘地向我招招手，当我凑过去时，他欲说又止，他看到牛正抬着头，就训斥它：

"你别偷听，把头低下。"

牛果然低下了头，这时老人悄声对我说：

"我怕它知道只有自己在耕田，就多叫出几个名字去骗它，它听到还有别的牛也在耕田，就不会不高兴，耕田也就起劲啦。"

老人黝黑的脸在阳光里笑得十分生动，脸上的皱纹欢乐地游动着，里面镶满了泥土，就如布满田间的小道。

幽默的对话显示出福贵这个老人很乐观，可他的一生几乎经历了世间所有的苦难：年轻时放荡不羁，好色嗜赌，输光全部家产，气死了父亲，从一个纨绔子弟沦为一无所有的佃农；上街为病重的母亲抓药时被拉去当了壮丁，经历了九死一生后回到家中，母亲已经病死，女儿也因为一场高烧变成了哑巴；儿子十岁时被医生抽多了血而丧命，这血被用来救县长的老婆；女儿分娩时难产而死，紧接着疾病缠身的妻子也撒手而去。四年后，女婿死于意外事故，只剩下外孙苦根与福贵相依为命。然而厄运仍无尽头，由于福贵的大意，七岁的苦根因吃了太多的豆子而活活撑死。小说中，福贵的自述始终是平和与超然的，从中我们听到的不只是一个人悲惨的命运，更多的是对人生和这个世界的诘问——为何有这么多的苦难，我们又该如何面对这苦难？

余华另一篇小说《许三观卖血记》中的主人公遭受的苦难则更为琐碎和真实。困窘、贫穷和疾病迫使许三观一次又一次地靠卖血来化解危机，支撑生活。许三观的天真和乐观使得卖血成为了他消解命运苦难、抵御现实伤害的"法宝"。有固定程序、固定模式的"卖血仪式"更是充满了喜剧化的意味：卖血前要喝七八碗水，直到牙根发酸，然后摇一摇肚子，将血与水摇匀；卖完血之后，要去饭店吃上"一盘炒猪肝，二两黄酒"，并且"黄酒还要温一温"。许三观把如此廉价的犒劳和奖赏上升为一种庄严的"仪式"，让人为之心酸的同时又觉得可笑。由于许三观的"憨傻"，卖血仪式时常出现一些小小的

让学生理解什么是黑色幽默，为什么黑色幽默有重要而独特的审美价值。

纰漏，如第二次卖血前他忘了喝水，事后为此懊恼不已，喋喋不休；第三次卖血之后到饭馆里吃饭，他生搬硬套"老台词"，在大夏天里也要求温一温黄酒，结果落人笑柄。这些诙谐幽默的小插曲打破了"仪式"的庄严，在悲剧中制造出喜剧的氛围。这种仪式在文本里反复出现，形成了一种不断叠加的悲喜交融的艺术效果。

用微笑甚至调笑面对荒诞和困难，这样的表达方式被称为"黑色幽

默"。"黑色幽默"一词最早是由法国超现实主义诗人、批评家安德烈·布勒东提出来的，指的是自我战胜外部世界创伤的极端方式，是人对现实伤害的一种特殊的反抗。美国 1975 年版的《新哥伦比亚百科全书》将其定义为："一种用以反映现代世界的荒唐、麻木、残酷、自相矛盾、怪诞以及病态的幽默。"《大英百科全书》将"黑色幽默"解释为："一种绝望的幽默，力图引出人们的笑声，作为人类对生活中明显的无意义和荒谬的一种反响。"

"以大笑的方式哭，在死亡的伴随下活着。"（《活着》封底语）余华曾这样总结自己的作品《活着》。可见，黑色幽默的文字所追求的不是眼泪，而是一种比眼泪更丰富、更具感染力的含泪的微笑；黑色幽默中渗透的不是悲情，而是一种比悲情宽广得多、厚重得多的悲悯。在《活着》中文版的自序里，余华写道："长期以来，我的作品都是源于和现实的那一层紧张关系，我沉湎于想象之中，又被现实紧紧控制，我明确感受着自我的分裂……随着时间的推移，我内心的愤怒渐渐平息，……作家的使命不是发泄，不是控诉或者揭露，他应该向人们展示高尚。这里所说的高尚不是那种单纯的美好，而是对一切事物理解之后的超然，对善和恶一视同仁，用同情的目光看待世界。"人类面临诸多自身无法克服的局限，自然和社会环境也非常严苛，这使得人类无法避免常常被置于荒诞和苦难的境地，这就像人无论如何努力地、充满思虑地跳，最终还是要落在地面。如果有上帝，他一定眼见人类在自己设定的规则中左冲右突而暗暗发笑。如何面对这"令人黯然的必然"？幽默，尤其是黑色幽默将人提升到"上帝视角"看自然、看人类、看自己，以一种游戏的态度面对苦难与荒诞，藉此与终极统治者会心一笑。这是人类最有智慧、最有尊严的回应，此时心灵被照亮的快意产生了。①

> 让学生体会：面对苦难和荒诞时的微笑、从容、游戏的心态是黑色幽默最富趣味和美感的成分。

---

① 曹文轩：《小说门》，北京大学出版社 1997 年版，第 49 页。

综上所述，所有类型的美感都源于三个方面：个体精神的提升、情感的安慰、心灵的归宁，这是理解、亲近文学之美的通路，教师要带着学生循着这三条路走向美的境地，从美的文学作品中发现一个新世界，看到一个新自我。

文本的形式分析

- 只有对优秀文学作品的创作技法进行高质量分析，才能让学生更深刻地理解与欣赏作品的美。

- 文学的本质与核心价值是抒发情感，情感表达的质量决定了文学的艺术价值，也是评析文本技法的出发点和落脚点，优秀的文学作品能够表达真诚、深刻且富有韵味的情感。

- 文学形象是表达情感的载体，文学形象的塑造直接显示了作者创作技法的优劣。好的文学形象具有传神、典型、独特三个特征。

- 作者驾驭文字的能力与文学形象塑造的质量直接相关，对作品创作意图的实现至关重要。好的文字准确生动、适切性高，运用修辞纯熟精当。

- 谋篇显现了作者最上位的、全局的文本构思能力，包括主题与题材的确定、素材与结构的安排、技法与策略的运用等。

- 优秀的文学作品必然是有风格的，风格显现了作品的艺术特色和作家的创作个性，具有很高的审美价值，是评价作品艺术价值最上位的指标。

周汝昌在《〈红楼梦〉艺术论》一书的序言中讽刺了"评红"的"十六字真言"——"性格突出，形象鲜明，语言生动，结构谨严"。他说：①

那些论者以为，只要这样一列，就已尽红楼艺术之能事了，——我倒总是纳闷：难道能事是这样子就"尽"了的吗？假如曹雪芹不过如此而已，那他"及格"，"成绩优良"，可以"毕业"就是了，——伟大又在哪里？所以，应当不怕困难阻碍，努力冲出那种人为的"艺术"小笼子，认真地从实际出发地研究一下曹雪芹的生花妙笔都是怎么运用施展的，把它的警策和神采、超妙和精深，都抉示出来，使世界读者得以逐步地了解我们中华民族的文化特征、艺术特色、美学特点。用"万金油"式的几条标签来贴一贴就了事的想法和做法，实际上是对我们自己的民族的骄傲的一种亵渎。

周汝昌对"十六字真言"的批评让人感慨，我们的很多语文教学，不也是用这个"万金油"在涂涂抹抹吗？这种涂抹式的解读对优秀的文学作品即使不是亵渎，也是极大的敷衍，这样的分析无法呈现文学的艺术美，学生不可能因为这样的分析而感动并亲近文本。周汝昌指出，对于优秀的文学作品，要认真研究作者是怎样运用其妙笔而生花的，要展示、分析

> 文学形式与内容紧密关联，二者可看作"然"和"所以然"的关系。要重视对文本艺术形式的分析，促进学生更好地理解文本的美。

作品的神采、精妙之处，这实际上是在强调要对文学作品的艺术形式、创作手法进行分析。

英国文艺批评家贝尔于 19 世纪末提出"有意味的形式"这一概念：②

在各个不同的作品中，线条、色彩以某种特殊方式组成某种形式或形式间的关系，激起我们的审美感情。这种线、色的关系和组合，这些审美的感人形式，我称之为有意味的形式。

对于文学作品来说，"意味"是作品所蕴含的情意及其所激起的美感，

---

① 段启明：《〈红楼梦〉艺术论》，白山出版社 2009 年版，序第 3-4 页。
② [英]克莱夫·贝尔：《艺术》，中国文联出版公司 1984 年版，第 4 页。

"形式"是"意味"的载体。文学家用精妙的形式对具体生活和内心情意进行概括、提萃、变形，使得文学艺术能够源于生活又高于生活，让我们有机会欣赏高于生活的那部分"意味"。诗人艾略特说："一个造出新节奏的人，就是一个拓展了我们的感情并使它更为高明的人。"又说："创造一种形式并不是仅仅发明一种格式、一种韵律或节奏，而且也是与这种韵律或节奏相契合的内容的发觉。"没有孤立的内容或形式，形式中每一个点、线、色、形、音、韵，都表现着内容的意义、情感、价值。①

朱光潜有一段话说得好：②

从前我看文学作品，摄引注意力的是一般人所说的内容。如果它所写的思想或情境本身引人入胜，我便觉得它好，根本不很注意到它的语言文字如何。反正语文是过河的桥，过了河，桥的好坏就可不用管了。近年来我的习惯已完全改过。一篇文学作品到了手，我第一步就留心它的语文。如果它在这方面有毛病，我对它的情感就冷淡了好些。

朱光潜所说的"语文"是文本的语言文字功夫，也就是文本的形式，这在相当大的程度上决定了一个作品的文学价值和艺术品位，对作品的艺术形式进行赏析是提高学生文学鉴赏能力的重要途径。"文字变迁了形式，就变迁了内容"③，作家要对文学形式的把握精益求精，不断进行探索和创新，用更丰富、更贴切的形式表情达意。对文本的艺术形式进行分析有助于学生知其然更知其所以然——文本美在哪里、为什么这么美——加深对文本情意的理解。同时，文学作品的形式本身就值得欣赏和玩味。庖丁为文惠君解牛——"奏刀騞然，莫不中音，合于桑林之舞，乃中经首之会。"——解牛居然宛如起舞奏乐！经过庖丁肢解的牛肉形状规整、没有浪费，这是解牛的结果，当然让人

> 指导学生加强对文学文本的艺术形式的分析，因为它本身就是美和智慧的体现。

---

① 宗白华：《美学散步》，上海人民出版社 2005 年版，第 30 页。
② 朱光潜：《朱光潜美学文集（第二卷）》，上海文艺出版社 1982 年版，第 308 页。
③ 朱光潜：《朱光潜全集（第四卷）》，上海文艺出版社 1982 年版，第 207 页。

欣赏，而解牛的形式不是同样激动人心、给人带来美的享受吗？

叶嘉莹指出，诗人之心理、直觉、意识、联想等，则均可视为心与物产生感发作用时，足以影响诗人之感受的种种因素；而字质、结构、意象、张力等，则均可视为将此种感受予以表达时，足以影响诗歌表达之效果的种种因素。前者是"能感之"，后者是"能写之"。[①]"能写之"的核心成分就是作者运用、创造某种文学形式表情达意的能力。文本的形式不是盲目选择的，"能写之"的能力也不是一蹴而就的，而像庖丁解牛，是长期实践和探索的结果。文学形式自身不断发展丰富，体现了文学表现的规律性和必然性，闪烁着智慧的光彩。提高学生的文学鉴赏力，使其更充分地体验文学作品的美感，必须重视对文本形式的分析。

001 情感分析

文学乃至所有的艺术，其本质与核心价值是抒发情感。托尔斯泰指出，作者在自己心里唤起曾经一度体验过的感情，用动作、线条、色彩、声音以及言词所表达的形象来传达出这种感情，使别人也体验到这同样的感情——这就是艺术活动。[②]华兹华斯的名言："是情感给予动作和情节以重要性，而不是动作和情节给予情感以重要性。"中国文论家对此有同样的看法。汉代《毛诗序》说："情动于中而形于言。"刘勰在《文心雕龙·知音》中说："观文者，披文以入情。"《尚书·尧典》有"诗言志，歌永言"之语。

> 帮助学生与文本形成真正的情感共鸣，深切理解作者藉文本所表达的情意，这是进行艺术分析的前提。

徐复观认为，作品的高下由其所能引出的感情的程度来衡量。他举例

---

① 叶嘉莹：《迦陵文集（四）》，河北教育出版社 1997 年版，代序第 7 页。

② 杭州大学中文系编：《外国作家谈写作》，内部读物 1979 年版，第 214-215 页。

说，蒲留仙的《聊斋志异》、纪晓岚的《阅微草堂笔记》，都是说狐说鬼，都有很丰富的想象，但纪氏的作品在文学价值上远不及《聊斋志异》。因为蒲氏的作品能引出读者深厚的感情，纪氏则没有用上这一套工夫，于是他的文学技巧，也只是一种文学技巧而已。[①]西方文论家狄德罗认为，所有的文学天才毫无例外地都是一些特别富于激情的人，这种热情的力量使人说出恰当的字，它使人想出拟真的和谐、各种各样的意象、最鲜明的标记、拟真的声音以及有特色的字句。[②]因此，文学形式、写作技法是为表达情感服务的，对文学形式进行分析首先要以文本的情感表达为旨归——以文本情感的表达效果来反思、评价文本的写作技法。

对语文教学来说，情感分析起到了承前启后的作用——这是获得美感必然的途径，也是艺术形式分析的开端。美感本身就是一种情感体验，学生只有理解作品的情感内涵并产生情感共鸣才能形成美感；同时，所有艺术形式分析均指向理解作者通过怎样的方法和技巧表达情感。文学作品中情感是"用"、语言是"器"，情感分析具有手段和目的双重意义，相对于审美来说它是手段，相对于写作技法来说它是目的。

> 艺术分析某种意义上就是分析作者用什么样的技法表情达意，而这首先需要学生理解衡量文本表达情感好坏的指标是什么。

文本情感分析的核心是：什么样的情感表达能给人以充实的美感，好的情感表达具有怎样的特征？以下三个方面是衡量文本表情质量的指标。

真 诚

"诚于中，形于外。"（《礼记·大学》）文学最重要的价值是以文字的形式将个人内在的情感表达出来。庄子说："真者，精诚之至也。不精不诚，

---

① 徐复观：《中国文学精神》，上海书店出版社 2006 年版，第 84-85，92 页。
② 陶东风：《文学理论基本问题（第三版）》，北京大学出版社 2007 年版，第 78 页。

不能动人。故强哭者虽悲不哀，强怒者虽严不威，强亲者虽笑不和。真悲无声而哀，真怒未发而威，真亲未笑而和。真在内者，神动于外，是所以贵真也。"(《庄子·渔父》) 抒发真诚的情感是文学乃至所有艺术最原初的动力，也是文学的根本意义所在。

真诚的情感源自作者内心涌动的、不可抑制的想要通过文字诉说的欲望，这是作者写作最重要的甚至是唯一的动力。王国维在《人间词话》中说："尼采谓：'一切文学，余爱以血书者。'后主之词，真所谓以血书者也。"歌德在谈到《少年维特之烦恼》时说："我像鹈鹕一样，是用自己的心血把那部作品哺

> 好的文学作品所表达的情感一定是真诚的。教师要引导学生体会文字中蕴含的真实炽热的情感。

育出来的，其中有大量的出自我心胸中的东西、大量的情感和思想。我当小心以后不要再读它，它简直就是一堆火箭弹！一看到它，我心里就感到不自在，深怕重新感受当初产生这部作品时那种病态心情。"福克纳在 1950 年接受诺贝尔文学奖时的演说中说："作家在他的作品里只能有颠扑不破的真理和心头的真话，不能有恐惧或其他任何东西。没有爱、没有荣誉、怜悯、自尊、同情和牺牲等古老的普遍真理，写出来的故事注定失败，必然朝生暮死。"在教学中，了解作者的真诚、形成情感共鸣是文本赏析的前提，教师要引导学生体会文字中蕴含的作者真实炽热的情感。

《孟子·告子上》说："口之于味也，有同嗜焉；耳之于声也，有同听焉；目之于色也，有同美焉。至于心，独无所同然乎？"总有一些作品从古到今得到各种各样读者的共同喜爱，这些作品超越时间和空间而被人们"同嗜""同听""同美"，这显示了作者与读者情感分享的可能性与必然性——作者的情感表达是真诚的，就能够也必然会感动读者。陆机《文赋》说："余每观才士之所作，窃有以得其用心。""酒逢知己饮，诗向会人吟"，"人同此心，心同此理"，作者之所以要写作，是要在许多"同此心"的人们中取得"同此理"

> 徐复观指出文学欣赏是一种"追体验"的过程，对这个说法教师要给予重视并落实在教学中。

的印证。这印证有如回响震荡，产生了读者的喜悦，也增加了作者的喜悦。[①]作者是真诚的，而读者也看到了作者的用心，领受了作者的真诚，这是多么美好的阅读体验！真诚的情感能够感动读者，是因为真诚的情感拨动了读者的心弦，使读者产生了深切的情感共鸣——文学欣赏成为"追体验"的过程。"体验"是指作者创作时的心灵活动状态，读者对作品要一步一步地追到作者这种心灵活动状态，才算真正说得上是欣赏。[②] 对文本进行赏析，教师首先就要引导学生"追体验"——理解作者真诚的情感，并且被这种情感感动，这是文本艺术分析的前提。

如何表达真实热烈的情感？钱谷融提出评人论文的标准是"赤子之心""童心"。他最看重的品格是正直与诚恳，无论做人还是为文都应如此。

> 教学生明白作者要怀着"赤子之心""童心"进行写作才能表达真诚的情感。

这既是最基本、最起码的，同时也可以说是最高的要求。[③] 辛弃疾评价陶诗："千载后，百篇存，更无一字不清真。"(《鹧鸪天》)元代诗人元遗山写诗称赞陶渊明："一语天然万古新，豪华落尽见真淳。"陶渊明的作品为何流传千古？唯"真"也！情感的明澈、真诚是陶诗的特点，也是陶诗表情的典型形式。叶嘉莹评价陶渊明诗的"任真"：[④]

> 陶渊明并不是为了作诗而作诗，并不想和别人争个高低，也不想借作诗而留名千古，他只是内心有这么一种感受，就写出来了。既不怕写得太深让人家不懂，也不怕写得太浅让人家笑话。

"知音苟不存，已矣何所悲！"(陶渊明《咏贫士·其一》)把自己内心的情感真实地、原原本本地表达出来，期望有人能了解自己，但如果没有这样的人也就算了！这就是文学表情最高的境界、最本源的初衷！显现赤子之

---

① 朱光潜：《朱光潜全集（第四卷）》，上海文艺出版社 1982 年版，第 257 页。

② 徐复观：《中国文学精神》，上海书店出版社 2006 年版，第 84-85，第 92 页。

③ 转引自陈永志：《我对"人道主义精神"的认识》，《文艺理论研究》2010 年第 3 期，第 62 页。

④ 叶嘉莹：《迦陵文集（八）》，河北教育出版社 1997 年版，第 477 页。

心的文字不扭曲、不造作，这是真诚情感的内核。

王国维指出，真诚的情感"不隔"，徐复观对这种说法的解释是：①

诗词的隔与不隔，先粗浅而概略的站在读者的立场说，作者所写的景、所言的情，能与读者直接照面，那便是不隔；若不能与读者直接照面，不仅须读者从文字上转弯抹角地去摸索，并且摸索以后还得不到什么，那便是隔。……不隔的，表现得真而完全；隔的，表现得不够真，因之也不完全。不隔的作品，可以把读者引到作者创作时同等的境界，与作者同其感动，与作者同其观照。

真诚的情感无论简单具体还是复杂抽象，都不加掩饰、不拐弯抹角、不模棱两可、不做作、不故弄玄虚，作者写的就是心里想的，文字呈现的就是想让读者了解的。直接的情感是自然流露乃至喷涌而出的，它首先感动了作者，作者又通过精妙的文字来打动读者。正如朱光潜所说：②

凡是第一流作家，从古代史诗悲剧作者到近代小说家，从庄周、屈原、杜甫到施耐庵、曹雪芹，对于他们的读者大半都持这种平易近人的态度。我们读他们的作品，虽然觉得他们高出我们不知若干倍，同时也觉得他们诚恳亲切，听得见他们的声音，窥得透他们的心曲，使我们很快乐地发现我们的渺小的心灵和伟大的心灵也有共通之点。"尚友古人"的乐趣就在此。

真诚的情感必须以质朴的形式表达出来。《易经》的《杂卦》说："贲，无色也。"刘熙载的《艺概》说："白贲占于贲之上爻，乃知品居极上之文，只是本色。"刘勰在《文心雕龙》里说："衣锦褧衣，恶文太章，贲象穷白，贵乎反本。"这些论述包含了一个重要的美学思想——最高的美应该是自然、朴素、本色的美。六朝的四六骈文、诗中的对句、园林中的

> 真诚的情感表达所用的形式一定是质朴的，让学生分辨文本表达情感所用的技法是否是必要的、质朴的。

---

① 徐复观：《中国文学精神》，上海书店出版社 2006 年版，第 47-48 页。
② 朱光潜：《朱光潜全集（第四卷）》，上海文艺出版社 1982 年版，第 257 页。

对联，讲究华丽词藻的雕饰，固然是一种美，但向来被认为不是艺术美的最高境界。中国人作诗作文，讲究"绚烂之极，归于平淡"。所有这些，都是为了追求一种较高的艺术境界，即白贲的境界。[①] 情感若是诚恳，就像白贲一样其自身一定是动人的。用文字表现诚恳的情感，其形式必须凸显情感的本真，而不应用任何华丽的技巧遮蔽、扭曲这情感。真诚的情感需要用一定的文学技巧表达出来，但这种技巧应像根雕时所用的技术，它发掘、表现出根自身的美，而不是造作出某种人工的美。

在教学中，教师如何引导学生体验作品真诚的情感呢？高中课文，梁实秋先生的《记梁任公先生的一次演讲》中有这样一段描写：

我记得他开头讲一首古诗《箜篌引》：公无渡河。公竟渡河！渡河而死，其奈公何！这四句十六字，经他一朗诵，再经他一解释，活画出一出悲剧，其中有起承转合，有情节，有背景，有人物，有情感。我在听先生这篇讲演后约二十余年，偶然获得机缘在茅津渡候船渡河。但见黄沙弥漫，黄流滚滚，景象苍茫，不禁哀从中来，顿时忆起先生讲的这首古诗。……

先生的讲演，到紧张处，便成为表演。他真是手之舞之足之蹈之，有时掩面，有时顿足，有时狂笑，有时叹息。听他讲到他最喜爱的《桃花扇》，讲到"高皇帝，在九天，不管……"那一段，他悲从中来，竟痛哭流涕而不能自已。他掏出手巾拭泪，听讲的人不知有几多也泪下沾巾了！又听他讲杜氏讲到"剑外忽传收蓟北，初闻涕泪满衣裳……"，先生又真是于涕泗交流之中张口大笑了。……

> 教师在讲解文本时一定要投入真感情，激发学生面对文本中的情感形成真实、深刻的感动与共鸣。

听过这讲演的人，除了当时所受的感动之外，不少人从此对于中国文学发生了强烈的爱好。

西汉毛亨为《诗经》所作的《大序》里写道："情动于中而行于言，言

[①] 宗白华：《美学散步》，上海人民出版社 2005 年版，第 77-78 页。

之不足故嗟叹之；嗟叹之不足故咏歌之；咏歌之不足，不知手之舞之足之蹈之也。"梁启超的演讲感情盈沸而手舞足蹈，这是"追"到了文本作者的情感体验之后自然而然的情感反应。教师把这种反应传递给学生，就会帮助学生"追体验"，让学生在被文本感动的基础上理解文本的情感、产生情感共鸣。语文教师王东开记述了他是怎么让学生在语文学习中形成情感共鸣的。①

刚做教师不久，有一次上《孔雀东南飞》，上到刘兰芝"举身赴清池"，焦仲卿"自挂东南枝"，我突然控制不住自己，在课堂上号啕大哭。

学生不明所以，面面相觑，不明白我的眼泪为何而流。

因为我们是两类人，两种生物，两个不同的频道。

那以后，有一段时间，我对上课产生了深深的恐惧，我常常梦见自己一个人在讲台上声嘶力竭，但换来的是学生的一脸茫然。我就像马戏团的小丑，上蹿下跳，无人喝彩，我感到了鲁迅陷入铁屋子中鬼打墙的悲哀。

后来，我在阅读鲁迅的过程中获得了新生。鲁迅说首先要唤醒国民的精神，那么我也要唤醒学生，唯有让学生和我一样亲近书，把书吻醒，在同样的书中，我们才会找到共同的语言密码，才会唱同一首歌。

我让学生阅读《希腊神话》和《圣经的故事》，这样学生就找到了整个西方文学的源头，了解了它们，就获得了进入西方文学殿堂的钥匙。我让学生看《苏菲的世界》，这是西方哲学的入门读本，然后，喜欢哪个哲学家就选哪个哲学家的书来看。为了提高学生阅读哲学的兴趣，我用文聘元博士的《西方哲学的故事》来做佐料。我让学生读《论语》《老子》，也读《傅雷家书》《美的历程》，我引导学生关注文化、教育、美学等方面的书籍。教育不仅是文字的，也是文学的、文化的。你不能深入到民族文化的土壤，就是一个无家可归的人。

> 引导学生大量阅读文、史、哲经典，为其理解文本的思想情感奠定基础；同时也要关注学生的经验和认知能力。

① 王开东：《不仅"教书"，更教"读书"》，华东师范大学出版社《教师月刊》2016年第3期。

到了高三后期，我重上《孔雀东南飞》，学生很快就理解了我的眼泪，很多人情不自禁流下眼泪。

对文本的艺术分析不同于对自然科学的理性思考，一定要有情感的介入，学生能够被感动，能够与文本形成情感共鸣，这是理解文本的艺术形式的基础。很多教师都有一个感慨，自己很感动的文章学生没感觉，这种情况下学生不会觉得这篇文章有什么好，自然不会对文本的艺术手法有兴趣。这与学生的经验和阅历比较单薄是有关系的，王老师引导学生进行广泛而深入的阅读，在一定程度上弥补了学生人生经验的不足。

学生的人生经验不仅是渐进式的积累，还呈现阶段性的特点。宗白华说：[1]

宋代范温说："少年爱风花，老而厌之。"（《潜溪诗眼》）就是指一个人对于美的掌握，实际上是与其生命成长的历程、个人意识的发展相配合的。……蒋捷《虞美人》说："少年听雨歌楼上，红烛昏罗帐。壮年听雨客舟中，江阔云低断雁叫西风。而今听雨僧庐下，鬓已星星也。……"无论就生命情调或对外在环境的体会来看，蒋氏这阕词都点出了美感内涵与生命共同成长的道理。

这个道理，表现在文学欣赏的过程中，自然就会像梁启超读龚定庵诗那样，少年时读到"落红不是无情物，化作春泥更护花"，简直着迷极了，觉得它哀感顽艳，无以复加。可是，年岁渐增、感慨渐深、阅历渐长以后，却觉得它太浅了。类似这样的例子，实在非常普遍。

优秀的文学作品中真诚的情感往往建立在作家极丰富、极深刻的人生经历之上，这对学生的"追体验"来说是一个挑战——学生往往缺乏类似的人生经历和体验。因此，教师在教学中要像王东开老师那样，引导学生大量阅读文、史、哲经典，这为学生理解文学作品中的情感奠定了基础。同时，也要考虑宗白华所提到的"美感内涵与生命共同成长"的现象，根据学生的年

---

[1] 宗白华：《美学散步》，上海人民出版社 2005 年版，第 40 页。

龄特点和人生经验，激发他们不同方向、不同层次的情感体验。

总之，要体验作品真诚的情感，教师一定要给学生辅助高质量的背景材料。下面以高中课文《小狗包弟》为例说明这个问题。

《小狗包弟》是巴金《随想录》中的一篇文章。作者明示《随想录》的文章——包括《小狗包弟》——是用来反思和批判"文革"的，这是文本所载之"道"——对一场"人间浩劫"进行

> 辅助高质量的背景材料对文本情感的解读是非常必要的。

反思。笔者通过听课及在网络上查阅多份教案，发现很多教师在教学中大量呈现文艺界、科技界人士在"文革"中受迫害的材料，或者"文革"给中国带来的灾难的素材和数据。呈现这些材料是有必要的，但不能喧宾夺主，这些材料可以作为《小狗包弟》教学的背景，教师仍应将教学重点放在对文本的情感分析上。

巴金在《随想录》的前言中写道：

我准备写一本小书：《随想录》……这只是记录我随时随地的感想，既无系统，又不高明。但它们却不是四平八稳，无病呻吟，不痛不痒，人云亦云，说了等于不说的话，写了等于不写的文章。那么就让它们留下来，作为一声无力的叫喊，参加伟大的"百家争鸣"吧。

我明明记得我曾经由人变兽，有人告诉我这不过是十年一梦。还会再做梦吗？为什么不会呢？我的心还在发痛，它还在出血。但是我不要再做梦了。我不会忘记自己是一个人，也下定决心不再变为兽，无论谁拿着鞭子在我背上鞭打，我也不再进入梦乡。当然我也不再相信梦话！

……一百五十篇长短文章全是小人物的喜怒哀乐，自己说是"无力的叫喊"，其实大都是不曾愈合的伤口出来的脓血。我挤出它们不是为了消磨时间，我想减轻自己的痛苦。……可是把笔当做手术刀一下一下地割自己的心，我却显得十分笨拙。我下不了手，因为我感到剧痛。我常说对自己应当严格，然而要拿刀刺进我的心窝，我的手软了。我不敢往深处刺。……我们解剖自己，只是为了弄清"浩劫"的来龙去脉，便于改正错误，不再上当受

骗。分是非、辨真假，都必须先从自己做起，不能把责任完全推给别人，免得将来重犯错误。

……我还有这样一种想法：发表那些文章也就是卸下自己的精神负担。……我边写、边想、边探索；愈写下去，愈认真也愈感痛苦；越往下写越是觉得笔不肯移动……我从来不是战士。而且就在《随想录》开始发表的时候，我还在另一本集子的序文中称"文革"为"伟大的革命"。……我的眼睛终于给拨开了，即使是睡眼矇眬，我也看出那个"伟大的"骗局。于是我下了决心：不再说假话！然后又是：要多说真话！开始我还是在保护自己。为了净化心灵，不让内部留下肮脏的东西，我不得不挖掉心上的垃圾，不使它们污染空气。我没有想到就这样我的笔会变成了扫帚，会变成了弓箭，会变成解剖刀。要消除垃圾，净化空气，单单对我个人要求严格是不够的，大家都有责任。我们必须弄明白毛病出在哪里，在我身上，也在别人身上……那么就挖吧！

这是非常重要的背景材料，能帮助学生理解《小狗包弟》中复杂而又炽热的情感——悔恨、屈辱、矛盾、自责、茫然、惊恐等等，这样学生才能"动情"，才能与作者、与文本形成真正的情感共鸣，才能感受文本每个字背后深沉而浓郁的情感。每一份真诚的、能够感动万人万世的情感，其背后必然有深厚、强大的驱动力，这构成了情感表达的背景，要了解这份情感，就必须了解这个背景。教师在备课时，要充分收集与作品相关的史实、作者自述与著述、与他人的文字往来、作者的其他作品、高品质的作品批评等等，有了这些资料做背景，必然有助于学生更切近地理解作者情感表达的真诚。

深　刻

王国维在《人间词话》中说："'明月照积雪'、'大江流日夜'、'中天悬明月'、'黄河落日圆'，此种境界，可谓千古壮观。"王国维列举的这些诗句为何有境界，又为何是"千古壮观"？李泽厚说得好，艺术的生命、美的秘密就在于——有限的偶然的具体形象里充满了那生活本质的无限、必然的内容，正可谓"微尘中有大千，刹那间见终古"。[1]这就是为什么有些文字表达的情感是"千古壮观"——这样的情感是深刻的、本质的、隽永的。

徐复观指出人生中有两种感动：[2]

所谓"感动"，概略地可分为两类：一类是原始性的个体生命的感动。由这种"感动"所产生的作品，用寻常的语言表达，即是所谓"劳人思妇之辞"。劳人思妇之辞中所含蕴的感情，乃是人类基原性的感情，即是把名利之心、世故之念，完全剥落尽净，由赤裸裸的生命在挣扎、希望中所呈露出的感情……这种基原性的感情，是发自个体生命，但因为是基原性的，所以同时即是万人万世的……

另一类是文化性的群体生命的感动……孔颖达在《毛诗正义》大序的疏释中说"诗人览一国之心以为己意"，指的即是这种群体生命的感动。这种感动，在深度上与前一类的感动相同，但规模上自然会更为宏大壮阔。

群体生命的感动，这是对个体情感的抽象与升华。原发情感可以是真诚的，即做到"不隔"，徐复观将这种"不隔"称为"原始性的不隔"。但这样的情感不一定有文学价值、审美价值，而由原始性的"不隔"进而为艺术性的"不隔"，则须加上伟大的表现能力，这便有待于文学的修养。[3]因此，正是通过作者高超的艺术技巧对原发情感进行了更高级的加工，包括概括、抽象、本质化，使得文本的情感内涵更丰富、更高级，更值得品味。对此朱光潜有更形象的阐释：[4]

> 原发情感经过抽象与升华变得深刻并因此更具审美价值。教师要引导学生比较生活中的原发情感与文本中"群体生命的感动"，藉此理解文学情感的深刻性。

情是自然，融情于思，达之于辞，才是文学的艺术。在文学的艺术中，

---

[1] 李泽厚：《美学论集》，上海文艺出版社1980年版，第324页。

[2] 徐复观：《中国文学精神》，上海书店出版社2006年版，第100-101页。

[3] 同上，第49页。

[4] 朱光潜：《朱光潜全集（第四卷）》，上海文艺出版社1982年版，第270-271页。

情感须经过意象化和文辞化，才算得到表现。人人都知道文学不能没有真正的情感，不过如果只有真正的情感，还是无济于事。你和我何尝没有过真正的情感？浑身都是情感不能保障一个人成为文学家，犹如满山都是大理石不能保障那座山有雕刻，是同样的道理。

　　每个人的情感就像满山的大理石，是原生的、粗糙的，而文学中的情感是雕塑作品，来源于原生情感却经过了艺术的雕琢。艺术成就高的作品具有普世性，即它所承载的情感在不同环境、不同时代、不同人生经验的群体中能够不断更新，不断展示出新的意味，这样情感有深度、穿透力强。文学的目的和价值并不在于再现生活中的原发情感，而是要构建一个无限的、象征的情感世界，要把具体的、现象层面的情感深刻化、本质化，这使得好的文学作品所表达的情感能给人深刻、长久的触动与感悟。

　　在教学中如何引领学生发现、欣赏文学作品的深刻情感？下面以王昌龄的《从军行》为例说明这个问题。"琵琶起舞换新声，总是关山离别情。撩乱边愁听不尽，高高秋月照长城。"对于这首诗，徐复观有这样的解读：①

　　上面这首诗，若说"高高秋月照长城"与"边愁"无关，则何以读来使人有无限寂寞荒寒怅触之感，因而自自然然地把主题中的"边愁"，推入到无底无边的深远中去呢？若说它与主题的边愁有关，则又在什么方面有关？而这种有关，又在表明一种具体的什么呢？这本来就是不可捉摸，也无从追问，而只是由一种醇化后的感情、气氛、情调，把"高高秋月照长城"的客观事物，与主观的"边愁"交会在一起，因而把整个的现实都化成了"边愁"，把整个的"边愁"又都化成了山河大地……通过有限而具体的长城，来流荡着"边愁"的无限。

　　徐复观认为，这首诗的最后一句使人产生了无限的寂寞荒寒怅触之感，将边愁推入到无底无边的深远中去，这就是作者将具体的、表面的情感变得深刻。这样的文字就是王国维所说的"千古奇观"，这样的文字所呈现的情

---

① 徐复观：《中国文学精神》，上海书店出版社 2006 年版，第 41-42 页。

感给人更多的感动，更值得玩味，具有更高的审美价值。

上面这段话中，徐复观用了一个词——醇化，这可以作为教学中解析情感深刻性的核心意象。以烟叶醇化为例，新收获的原烟杂气重、刺激性大、烟气粗糙，而经过醇化后，其颜色更加均匀，杂气和刺激性大大减少，香味物质增加，味道醇和。原发情感如原烟一样，刺激、表浅、粗糙、芜杂的情绪反应遮蔽了深沉的情感体验。而情感经过醇化——沉淀、反思、升华、本质化——会变得深沉、醇厚、悠远、纯粹。王国维在《人间词话》中说："大家之作，其言情也必沁人心脾，其写景也必豁人耳目。其辞脱口而出，无矫揉妆束之态。以其所见者真，所知者深也。"大家之作的"真"和"深"是超越了表面现象及表面情感的更本质、更动人的真实与深刻。所以，艺术作品中的情感不仅是"再现"，更是加工、升华后的"表现"。

> 情感的深刻、隽永是醇化的结果，引导学生赏析深刻情感的深沉、醇厚、悠远、纯粹。分析作者是如何将原发情感进行醇化的。

在教学中透过表面情感切近基底情感，这是将情感感悟引向深刻的重要路径。笔者在《正本清源教语文——文本内容的分析策略》中提到：引发情感的元素有很多，其中有些是"基底元素"——可以追溯到人类早期，是文学所表现的复杂多样的情感的基源——包括四个方面：生发与逝去；苦痛与安乐；亲情、爱情与友情；探索、追求与抗争。由基底元素引发的情感称为基底情感，它具有"根"的性质，具有高度的概括性，多种多样的情感都可以追溯到这些基底情感上，这样的情感更本质、更深刻。[①]

在教学中透过表层情感揭示、赏析这些基底情感就是醇化的过程。例如，悲秋成为中国文学中特定的文化符号。人们为什么悲秋？因为秋天暗示严冬的到来——食物消逝、万物凋敝、苦寒难耐——这是远古时代人类就会面临的困境，自然会引起焦虑与哀伤的情绪。进而，秋天和老去、死亡、枯

---

① 赵希斌：《正本清源教语文：文本内容的分析策略》，华东师范大学出版社2014年版，第69-96页。

竭、分离、贫弱、衰落等联系起来而成为"逝去"的符号。这种情感自人类早期就形成并遗传下来，根植于我们的心灵深处。对这样的情感进行刻画，表现了人类最深刻、最基底的情感——对逝去的伤怀，从而能够跨越时空与种族，给人们带来最深切的感动。例如，以下是有关"逝去"这一基底情感在文学中的表现。

我的日子滴在时间的流里，没有声音，也没有影子。我不禁头涔涔而泪潸潸了。（朱自清《匆匆》）

逝者如斯夫，不舍昼夜。（《论语》）

> 深刻的情感往往是人类的基底情感。教师要引导学生理解基底情感的内涵与审美意味。

对酒当歌，人生几何。（曹操《短歌行》）

木犹如此，人何以堪。（《世说新语》）

江畔何人初见月，江月何年初照人？人生代代无穷已，江月年年只相似。不知江月待何人，但见长江送流水。（张若虚《春江花月夜》）

去年今日此门中，人面桃花相映红。人面不知何处去，桃花依旧笑春风。（崔护《题都城南庄》）

生年不满百，常怀千岁忧，昼短苦夜长，何不秉烛游。（《古诗十九首》）

莫等闲，白了少年头，空悲切。（岳飞《满江红》）

无论一个人在什么时代、什么年龄、做什么工作、处于怎样的环境，不是都要面对"逝去"这一重大的、不可回避的人生主题吗？这不就是世世代代的文学所表达的基底情感吗？负载这样的情感的文学必然有足够的穿透力，给我们带来最深刻的感动。

文学作品表达的情感是否深刻，取决于作品在多大程度上将现象层面的情感转化为本质层面的情感，这种转化一旦形成，文本的情感就会变得深刻，变得有厚度、有深度。小学课文《去年的树》——日本童话作家新美南吉的童话作品——讲了这样一个故事：树和鸟儿是好朋友，树为鸟儿遮风挡雨，鸟儿天天给树唱歌。冬天就要来到

> 思考：情感的深刻性与本书后文讲到的"文学母题"有怎样的关联。

了，鸟儿必须离开，它们相约，明年鸟儿还要回来给树唱歌。第二年，鸟儿如约回来了，可是，树不在了！鸟儿一路追寻，树成了圆木、成了木材、成了火柴，最后变成了一束火光——鸟儿唱起去年唱过的歌给灯火听。许多老师根据教参的指示，将这篇文章的情感内涵解读为"友情"和"承诺"，这无法解释文章所充盈的淡淡的、富有美感的伤感气息。这伤感源自对"逝去"的感怀，这是所有人在所有的时代都会遭遇的情感，这伤感也因此而深刻和动人。正是因为触及"逝去"这一被醇化的情感，悲伤的情绪得到升华，文本的情意变得深刻、醇厚，文本能够通过虚空、宁静的形式表现大充实、大意味。①

深刻的情感表达可以与中国传统美学中的"意境"——中国传统美学的最高范畴——联系起来。

"意境"较早见于王昌龄所作的《诗格》，他认为诗有三境：物境、情境、意境。物境即形似；情境是表达情感所达到的境界，即"深得其情"；意境则是在情境的基础上"更进一步得其情"。什么是"更进一步"呢？皎然《诗式》有"取境"之说，"取境之时，

> 深刻的情感表现可以与中国传统文学批评中的"意境"联系起来。

须至难、至险，始见奇句。成篇之后，观其气貌，有似等闲，不思而得，此高手也"。强调作者通过"苦思""精思"将情感深化，这为"更进一步"提供了可能性。刘禹锡《董氏武陵集纪》提出了"境生于象外"，在有限的"象"外寻"境"，指出了意象、情意因升华而高远和深邃。晚唐司空图虽然没有直接运用"意境"概念，但他在《与王驾评诗书》中提出"思与境浑"，在《与极浦书》中又提出"象外之象，景外之景"等命题，标志着中国古代"意境"说的确立和理论的成熟。②李泽厚认为，有意境的文字能够表现更深刻、更真实的意象：③

---

① 赵希斌：《正本清源教语文：文本内容的分析策略》，华东师范大学出版社 2014 年版，第 131-142 页。
② 陶东风主编：《文学理论基本问题（第三版）》，北京大学出版社 2007 年版，第 129-130 页。
③ 李泽厚：《美学论集》，上海文艺出版社 1980 年版，第 234-235 页。

中国古代画院以诗题试画：如"野水无人渡，孤舟尽日横"，多系空舟岸侧，或拳鹭于舷间，或栖鸦于蓬背；独魁则不然，画一舟人卧于舟尾，横一短笛。……为什么会得"魁"，为什么会"众工遽服"？很清楚，这是因为经过精细的琢磨、想象后所塑造出来的形象，更能深刻地表现出当时所要求表现的事物和生活的本质意义所在。"野水无人渡，孤舟尽日横"，是要求表达出那种安闲、恬静、懒洋洋的牧歌式田园气氛，"非无舟人，止无行人"，就比连舟人也没有（这容易变成一幅无人烟的荒凉野渡）更深刻和更真实了。

中国传统文论的意境说不仅适用于诗歌，对评价其他文体的情感表达也有价值。好的文学作品所表达的情感因超越、升华而深远，这样的文字才有意境，才有超出语言、意象的"言外""象外"之美，能让人产生更深邃、更触及本质的情感体验。教师在教学中要引领学生挖掘和体验作品的深层次情感，而不是停留在肤浅、抽象的概念上。以莫泊桑著名的短篇小说《项链》为例，"教学参考"提示了这篇文章的主旨：批判主人公身上所体现的资产阶级腐朽思想的虚荣心。从文学欣赏的角度来看，这样的情意反应层次很肤浅、很表面化。夏志清指出：[①]

索、莎、托、陀诸翁（指索福克里斯、莎士比亚、托尔斯泰、陀思妥耶夫斯基，本书作者注）正视人生，都带有一种宗教感；也就是说，在他们看来人生之谜到头来还是一个谜，仅凭人的力量与智慧，谜底是猜不破的。事实上，基督教传统里的西方作家都具有这种宗教感的。……

再反顾中国传统小说，其宗教信仰逃不出"因果报应""万恶淫为首"这类粗浅的观念，凭这些观念要写出索、莎、托、陀四翁作品里逗人深思的道德问题（moral exploration）来，实在是难上加难。

很多教师会引导学生认定女主人公为了一条假项链付出十年的青春，这

---

① [美] 夏志清：《中国现代小说史》，香港：中文大学出版社，2001，第 xlii-xliii 页。

是她为自己的虚荣心"必然"要付出的代价。这样的情意反应不能体现《项链》的文学魅力和美学价值。小说中有这样几句话："要是那时候没有丢掉那挂项链，她现在是怎样一个境况呢？谁知道呢？人生是多么奇怪，多么变幻无常啊，极细小的一件事可以败坏你，也可以成全你！"看到作者的感叹（这也应是女主人公的感叹），我们就知道"报应说""惩罚说"多么肤浅。《项链》展示了"无常"。"无常"这个概念源自佛教，具有很强的宗教感。"无常"展现了生命中诸多不可知和不可控的因素。玛蒂尔德没预料到项链会丢失，不知道丢失的项链是假的，这就是偶然的、不可知和不可控的因素，因此不能构建"虚荣—借项链—丢项链—还债"这样一个必然的因果链。正是因为展现"无常"这一深刻的主题，《项链》具有不朽的艺术生命力。无论是在伟大还是卑微的时代，无论是在进步还是落后的时代，无论是在光明还是腐朽的时代，人们读这篇文章都会被感动，原因就是这篇文章触及了人们必须面对、每一个人都无法回避的命运主题。由此看来，"无常"就是《项链》富有意境的情感内涵，它反映了一种更加本质、深刻的情意反应。《项链》以现实主义的写作手法刻画了一个女性的遭遇，如果这给我们的启示就是教参所说的那些，学生算是吃到了扎扎实实的米饭；而如果从中感受到"无常"、慈悲，则米经过发酵、醇化，变成了酒，其作用就超越了饱腹，而是醉了我们的心灵，其中的滋味长久反复、绵绵不绝。

> 深入挖掘文本的情感内涵，避免给文本贴标签或功利化地解读。

韵　味

余光中讽刺"半票"读者（指文学欣赏能力幼稚、仍属买半票的儿童）："要求于文学或艺术的是发泄，不是表现；是传染，不是启示。譬如饮酒，他们是以酒浇愁的，他们只注意自己的愁，并不留意去品味酒。"[①] 要想从文

---

① 余光中：《余光中集（第七卷）》，百花文艺出版社 2004 年版，第 6 页。

学中获得美感，一定要有"品味"的过程，相应地，值得品味的文学作品才能给人带来美感。

三毛的爱人荷西意外死亡，三毛写了《背影》以示哀念。文章的开头是这么写的：

> 那片墓园曾经是荷西与我常常经过的地方。
>
> 过去，每当我们散步在这个新来离岛上的高岗时，总喜欢俯视着那方方的纯白的厚墙，看看墓园中特有的丝杉，还有那一扇古老的镶花大铁门。
>
> 不知为什么，总也不厌地怅望着那一片被围起来的寂寂的土地，好似乡愁般地依恋着它，而我们，是根本没有进去过的。
>
> 当时并不明白，不久以后，这竟是荷西要归去的地方了。
>
> 是的，荷西是永远睡了下去。

前面两段写自己和爱人常常经过并且喜欢俯视的墓园，这让人意识到墓园还在，一点儿没变，可总是一起俯视墓园的、本该在自己身边的爱人不在了。

第三段说自己与荷西也不知道为什么会喜欢端详那墓园，第四段说现在明白了，因为这是荷西要归去的地方——这让人伤感到要窒息——难道荷西的离去早已注定？死亡与分离的阴影游移过来，笼罩在三毛与荷西身上，但他们对此竟然全然不知。此时回过头再看第三段"好似乡愁般地依恋着它"这一句，真是无尽的哀伤——那时，相互依偎着的三毛与荷西已经走在"归乡"的路上，可惜，三毛不知道荷西会撇下她，走得那么快！归乡的路不是二人同行！还有长长的一段路三毛要一个人孤独地走！这是一种怎样的痛！故乡——三毛最终也将要归去的地方？！现在，我们知道了，三毛已回到故乡，而且在那里与荷西相遇了吧。

三毛的爱人因意外而死去，这对三毛来说一定是极巨大的悲痛，但是三毛的文字却那么的平静，作者似乎把自己的悲痛小心地包裹起来，但正是这

> 有韵味的情感值得仔细揣摩与回味。让学生从文本或自己的经验中体会有韵味的情感是什么样的。

包裹中的痛一点一点地释放，对读者形成一点一点的痛蚀——这样的痛更持久、更深刻！这种痛就是前面所说的伤感美，而这种美是通过对文字的品味与琢磨得到的，这样的文字值得我们品味与琢磨，因为它蕴含无穷无尽的意味。

李泽厚曾写道："为什么有些作品初次接触时使人兴奋激动和满足，再读却已索然无味，有些作品则长久保持其生命力量？""因为优秀的文艺作品让人捉摸不透，玩味无穷。"[①]欧阳修称赞他的同辈诗人梅尧臣说，读其诗"初如食橄榄，真味久愈在"。真正好的文学作品一定会让读者不断琢磨和品味，能给人带来多重、多向的美感。而且这种美感会随着读者的不同、读者的成长而有变化，即朱光潜所说，同一艺术作品，你去玩味有你的趣味，我去玩味有我的趣味。今天玩味有今天的趣味，明天玩味有明天的趣味。凡是经不得时代淘汰的作品都不是上乘。[②]

"韵"本是与听觉相关的音乐的美学特征，"味"本是与味觉相关的概念，"韵""味"合而为一，主要是指审美对象有绕梁三日、令人回味无穷的审美效果。文学中韵味说的实质是要求在有限的语言形象中表现无限的情意，即"言外之意""象外之旨"。区分艺术与非艺术、好的艺术与坏的艺术时，能否提供这种意味层，便可以看作是重要的标准之一。[③]

具体说来，有韵味的情感表现有两个特点：细腻与含蓄，这是评价文本情感是否有韵味的两个基本指标。

细腻意味着丰富而有层次。打个比方，白糖是甜的，蜂蜜也是甜的，白糖的甜在口中从头至尾是一个味道，而每一种蜂蜜都有其独特的甜味，而且随着蜂蜜在口中停留时间的长短，会释放出不同的味道。因此，我们可以说蜂蜜的甜味是细腻的、有层次的。此外，蜂蜜的甜需要探索，我们要不断咂摸才能"发现"更丰富的味道。文学赏析也不是被动接受，

> 有韵味的情感是细腻的，也是含蓄的。可以以具体文本为例，让学生理解什么样的情感表现是细腻和含蓄的。

① 李泽厚：《美学三书》，安徽文艺出版社 1999 年版，第 587 页。
② 朱光潜：《朱光潜美学文集（第二卷）》，上海文艺出版社 1982 年版，第 473-483 页。
③ 李泽厚：《美学三书》，安徽文艺出版社 1999 年版，第 590，592 页。

而是一个不断探索和发现的过程。因此，好的文本中的情感一定是丰富的、多层次的，其情感内涵不但有程度上的不同，还有角度上的差异，这样的情感才值得读者去发现和探索。叶嘉莹以清代词人陈子龙的《蝶恋花》为例，说明文字可以表现多么精微的意象：

满眼韶华，东风惯是吹红去。几番烟雾，只有花难护。梦里相思，故国王孙路。春无主！杜鹃啼处，泪染胭脂雨。

陈子龙，经历了甲申国变，起兵抗清失败，被捉拿，在被押送的途中跳水自杀。基于这样的背景，再看这首词所呈现的景象：东风吹"红"而不是吹"花"，虽然都是风中的花儿凋零，但二者所显现的画面却不同。"红"不仅指花，而且显现花盛放时的绚烂，花凋落了，它所承载的美好也灭失了。"几番烟雾，只有花难护"，为什么用"烟雾"不用"风雨"？张惠言的《水调歌头》说："晓来风，夜来雨，晚来烟……"国破了，崇祯皇帝死了，这是有形的痛！但还有很多人生的磨难和失意难以言表。人

> 细腻的情感最明显的特征是精微。要让学生体会细腻的情感表现那么精致、那么富有细节，使人产生丰富而美好的感动。

最怕的不是一个强力的打击，而是无形的磨损，即被不知不觉、说都说不出来而又无法摆脱的东西销蚀。[1] 因此，"风雨"是直接的打击；"烟雾"是弥漫的、笼罩的、无形却又令人窒息的侵蚀。这就是特别细腻的表达方式，读者从中能感受到非常细密精微的情感意味，这使得阅读成为一个慢慢的、细细的、反复的思考品悟的过程，文字展现的情意极有韵味，品阅的过程美妙动人。

朱光潜曾写过一篇文章《无言之美》，他在文中举了一个例子："子在川上曰：'逝者如斯夫，不舍昼夜！'"两句话一定没完全表达出孔子说这番话时候的心境，而"如斯夫"三字更笼统，没有把流水的状态形容尽致。可以详细地说："河水滚滚地流去，日夜都是这样，没有一刻停止。世界上一切事物不都像这流水时常变化不尽么？过去的事物不就永远过去决不回头？

---

[1] 叶嘉莹：《清词论丛》，河北教育出版社 2000 年版，第 25 页。

我看见这流水心中好不惨伤呀！……"这么说的话，孔子表达的情意就固定在某个范围和层次上了，读者得到的就是这个具体的、没有弹性、无法生发的情意。比较起来，"逝者如斯夫，不舍昼夜！"这九个字值得玩味多了！①
因此，有韵味的情感表达必然是含蓄的。含蓄不仅仅是一种手法、形式和风格，事实上，不同种类的艺术都要具备含蓄美，一切经久耐看的作品都以含蓄美为条件。含蓄不只是一种狭义的艺术风格，而是"一切风格的风格"。②
文学文本通过形象表达感情，而不是直接表达感情，这意味着文学阅读是一个解读的过程，作者不需要也不能将自己的情感直露地表达出来。沈祥龙在《论词随笔》中说："含蓄无穷，词之要诀。含蓄者，意不浅露，语不穷尽，句中有余味，篇中有余意。"含蓄给读者留下自由想象的空间，读者因联想、感发而形成的情意反应会更加丰富与深刻。

> 含蓄的核心特征是"不直说""少说"乃至"不说"。基于文本让学生理解含蓄的审美价值。

从语言的角度看，"言不尽意"使得"意在言外"的含蓄表达成为文学的必然追求。言可以达意，然而言不能完全达意；有些话不说也能达意，甚至比说了效果更好。这正如英国著名诗人济慈所说，"听得见的旋律固然甜美，听不见的旋律更加甜美"。老子说"知者不言，言者不知"；庄子在《天道》篇中也说："语之所贵者意也，意有所随。意之所随者，不可以言传也。"王弼在《周易略例·明象》中提出"得意忘言"，陆机在《文赋》中提出解决语言表意局限的方法是"课虚无以责有，叩寂寞而求音"，刘勰在《文心雕龙·神思》中对言意关系的论述是"意翻空而易奇，言征实而难巧也"。钟嵘在《诗品》中说："言在耳目之内，情寄八荒之表"。"意在言外"成为创作中的一种自觉追求，并在理论上不断得到充实，唐代皎然提出"境生象外"，至晚唐司空图大力倡导文学创作中的"韵外之致""味外之旨""象外之象"和"景外之景"，并将"不著一字，尽得风流"作为创作的最高境界。

---

① 朱光潜：《无言之美》，北京大学出版社 2013 年版，第 4-5 页。

② 陈文忠：《含蓄美探源》，《安徽师大学报（哲社版）》1998 年第 1 期，第 66 页。

宋代欧阳修的"状难写之景如在目前，含不尽之意见于言外"，严羽《沧浪诗话·诗辨》的"如空中之音，相中之色，水中之月，镜中之象，言有尽而意无穷"，一直到清代王士禛所提倡的"神韵"说，无一不具有"意在言外"的味道。[①]

北师大版语文教材九年级下册第三单元选了四篇写树的散文。其中两篇分别是茅盾的《白杨礼赞》和苏童的《三棵树》。茅盾在《白杨礼赞》中显示出很好的文字功夫：准确、紧凑、有力，但可惜这不是一篇有韵味的文章：

当你在积雪初融的高原上走过，看见平坦的大地上傲然挺立这么一株或一排白杨树，难道你就只觉得它只是树？难道你就不想到它的朴质，严肃，坚强不屈，至少也象征了北方的农民？难道你竟一点也不联想到，在敌后的广大土地上，到处有坚强不屈，就像这白杨树一样傲然挺立的守卫他们家乡的哨兵？难道你又不更远一点想到，这样枝枝叶叶靠紧团结，力求上进的白杨树，宛然象征了今天在华北平原纵横决荡，用血写出新中国历史的那种精神和意志？……让那些看不起民众、贱视民众、顽固的倒退的人们去赞美那贵族化的楠木（那也是直挺秀颀的），去鄙视这极常见、极易生长的白杨树吧，我要高声赞美白杨树！

白杨树这一意象被直露的文字固着了，这样的文字有强烈的说教味道，读者被反问：难道只觉得它是树？没联想到它象征了农民、哨兵、用血写历史的精神和意志？读者不但要接受作者安排的意象，可能还要为自己没有做出这种联想而惭愧。这段话如此直露地将作者的观点表达出来，前面对白杨的描写和形象塑造反而成为陪衬或显得多余。尤其是最后一句，急躁又粗糙，好像匆忙中在画布上留下的难看的一笔，使得这篇文章失去了文学气质。

再看苏童《三棵树》中的文字：

---

① 李建中主编：《中国文学批评史》，北京大学出版社 2009 年版，第 6-7 页。

树令我怅惘。我一生都在重复这种令人怅惘的生活方式：与树擦肩而过。我没有树。西双版纳的孩子有热带雨林，大兴安岭的伐木者的后代有红松和白桦，乡村里的少年有乌桕和紫槐。……我种过树。我曾经移栽了一棵苦楝的树苗，是从附近的工厂里挖来的，我把它种在一只花盆里……我和我的树苗遭遇了一夜狂风。狂风大作的时候我在温暖的室内，却不会想到风是如何污辱我和我的树苗的——它把我的树从窗台上抱起来，砸在河边石埠上，然后又把树苗从花盆里拖出来，推向河水里，将一只破碎的花盆和一抔泥土留在岸上，留给我。

　　这是我对树的记忆之一。一个冬天的早晨，我站在河边向河水深处张望，依稀看见我的树在水中挣扎，挣扎了一会儿，我的树开始下沉，我依稀看见它在河底寻找泥土，摇曳着，颤动着，最后它安静了。我悲伤地意识到我的树到家了，我的树没有了。我的树一直找不到土地，风就冷酷地把我的树带到了水中，或许是我的树与众不同，它只能在河水中生长。……

　　我的树在哪里？树不肯告诉我，我只能等待岁月来告诉我。

　　1988年对于我是一个值得纪念的年份，那年秋天我得到了自己的居所，是一栋年久失修的楼房的阁楼部分，我拿着钥匙去看房子的时候一眼就看见了楼前的两棵树，你猜是什么树？两棵果树，一棵是石榴，一棵是枇杷！秋天午后的阳光照耀着两棵树，照耀着我一生得到的最重要的礼物，伴随我多年的不安和惆怅烟消云散，这个秋天的午后，——一切都有了答案，我也有了树，我一下子有了两棵树，奇妙的是，那是两棵果树！……

　　我是个幸运的人。两棵树弥合了我与整个世界的裂痕。……

　　整整七年，我在一座旧楼的阁楼上与树同眠，我与两棵树的相互注视渐渐变成单方面的凝视，是两棵树对我的凝视。我有了树，便悄悄地忽略了树。树的胸怀永远是宽容和悲悯的，树不做任何背叛的决定，在长达七年的凝视下两棵树摸清了我的所有底细，包括我的隐私，但树不说，别人便不知道。树只是凝视着我。七年的时光做一次补偿是足够的了。窗外的两棵树后来有点疲惫了，我没有看出来，一场春雨轻易地把满树石榴花打落在地，我出门回家踩在石榴的花瓣上，对石榴的离情别意毫无察觉。我不知道，我的两棵树将结束它们的这次使命，七年过后，两棵树仍将离我而去。

城市建设的蓝图埋葬了许多人过去的居所，也埋葬了许多人的树。……我知道两棵树最终必须消失，七年一梦，那棵石榴，那棵枇杷，它们原来并不是我的树。

现在我的窗前没有树。我仍然没有树。树让我迷惑，我的树到底在哪里？我有过一棵石榴，一棵枇杷，我一直觉得我应该有三棵树，就像多年以前我心目中最遥远的火车站的名字，是三棵树，那还有一棵在哪里呢？我问我自己，然后我听见了回应，回应来自童年旧居旁的河水，我听见多年以前被狂风带走的苦楝树苗向我挥手示意说，我在这里，我在水里！

这是一篇真正的艺术作品，它让学生在"追体验"的过程中共鸣、感动、获得美感；它值得并且可以被细细品味——因为它很有韵味。面对这样的文字，读者自然地会在品读中生成许多问题和感慨，而这些也是教学中值得讨论的，例如：

树象征什么？为什么没有自己的树会让作者那么失落、不安，感到不幸呢？

第一眼看到属于自己的两棵树时，作者写道："你猜是什么树？"这像不像父母第一眼看到自己刚出生的孩子，既陌生又熟悉？也许作者没有让读者猜，而是在问自己："这是你想了很多年的树吗？"这是否暗示了命运的安排、缘分的神奇？

作者说"我一直觉得我应该有三棵树"，为什么呢？这是命运给的答案还是作者主观的执拗？

作者和两棵树为什么会由相互注视渐渐变成单方面的凝视？人与人的相处也是这样吗？得到了梦寐以求的东西后都会渐渐不再珍惜吗？

树始终凝视和关怀着作者，永不背叛，生活中有这样的人吗？如果有，他们为什么能做到这一点？

作者依稀看到苦楝树苗在水中挣扎，下沉、摇曳、颤动。作者说"这是我对树的记忆之一"，这是真实的记忆还是想象，抑或是潜意识或梦境？苦楝树苗是死了还是还活在某个地方？作者说树苗"到家了"，这是什么意思？

作者说："我一生都在重复这种令人怅惘的生活方式：与树擦肩而过。"这是一种怎样的生活方式，为何让作者怅惘？作者并未走到生命的尽头，怎会有此结论？这是作者懊恼的感慨还是已预见的宿命？生命中的拥有和失去是命运的安排吗？我们无力抗争吗？

作者说"我不知道，我的两棵树将结束它们的这次使命，七年过后，两棵树仍将离我而去。"使命？七年？树的使命是什么？谁赋予树使命？为什么给树这样的使命？又为什么是七年？

……

通过这样的赏析我们可以看到，作者有许多话没有直说，有许多话说不出来，还有许多话没有说完，这就是"言不尽意"，而正是因为这样含蓄的表达，我们才能体会"言外之意"和"象外之旨"，这篇文章才富有韵味，才值得被长久地、细细地品析，这样的作品才能给我们提供长久而深邃的美感。

002 形象分析

叶燮在《原诗》里说："可言之理，人人能言之，又安在诗人之言之；可征之事，人人能述之，又安在诗人之述之，必有不可言之理，不可述之事，遇之于默会意象之表，而理与事无不灿然于前者也。"这段话道出了文学乃至所有艺术的一个核心特征——艺术表现要以形象为载体，是形象负荷了艺术所要传达的情感和美感。李泽厚认为，美的一个基本特性是它的具体形象性，即美必须是一个具体的形象的存在，不管是社会形象还是自然形象。美感要建立在具体形象的基础之上，后者是前者产生的条件和根据。他明确指出，艺术分析必须从形象出发，从形象所引起的美感出发。[①] 文学作品也讲道理，也表达是非与善恶判断，但它不依赖抽象概念，而是以具体形象为载体。道理人人能言，事实人人可述，文学家通过塑造一个个形象，在不直接讲道理的情况下表达情感、传递理念。朱光潜说："在文艺中概念应完全溶解在意象里，使意象虽是象征概念而却不流露概念的痕迹，好比一块糖溶解在水里，虽然点点水之中都有甜味，而却无处可寻出糖来。"[②] 文学作品以美的方式表现真、崇尚善，如果糖是真与善，它溶在了形象这杯能提供美感的水里，这是文学作为一种艺术具有审美价值的重要原因。

朱光潜说：[③]

> 凡是完美的诗、小说或戏剧，里面所写的人物故事和心境，如果抽象地说，都可以用三言两语总括起来，可是作者却要把它"演"成长篇大作，并非不知道爱惜笔墨，他要把人物化成有血有肉的人物，把情境化成有声有色的情境，使读者看到如在眼前。文艺舍创造无能事。所谓创造，就是托出一个意象世界来。……你尽管惊叹"那多么美丽啊！""人生多么悲哀哟！""我真爱你！"读者却不稀罕听这种空洞的话，他要你"拿出证据来"。

中国艺术非常强调"象外之旨""弦外之音""言外之意"，"象""弦""言"是具体的有限形象，言有尽而意无穷，由形象所表达的意味可以是无穷的，这就是李泽厚所说的"无限的内容"，这种"无限"正是不可言之理、不可述之事，给人以无穷的遐想和韵味，这是文学艺术的重要特征和独特价值。总之，对于一个文学作品来说，形象塑造得有多好，艺术表现力就有多强，这个艺术作品就有多成功。

> 艺术美必须借助形象去表现。教学中应关注学生是否被文学形象感动，并引导学生思考让人感动的形象为什么塑造得好。

① 李泽厚：《美学论集》，上海文艺出版社 1980 年版，第 30-31，第 49 页。
② 朱光潜：《朱光潜全集（第一卷）》，上海文艺出版社 1982 年版，第 390 页。
③ 朱光潜：《朱光潜全集（第四卷）》，上海文艺出版社 1982 年版，第 263-264 页。

宗白华在一首题为《艺术》的小诗中写道："你想要了解'春'么？你的心情可有那蝴蝶翅的翩翩情致？你的歌曲可有那黄莺儿的千啭不穷？你的呼吸可有那玫瑰粉的一缕温馨？"[①] 让孩子感受春天的美就要带孩子到大自然中，让学生用自己的感官真切感受蝴蝶翅的翩翩情致和玫瑰粉的一缕温馨。同样，赏析文学作品，教师就要让学生真切地发现、贴近、理解文本中的形象，在此基础上感悟并欣赏形象所承载的世相、情感、价值观。

> 语文教学所有的情感和理念都要依附于文学形象，不要用抽象、空洞的概念解读代替对文学形象的赏析。

形象分析体现了文学赏析的一个本质特征：感受而不是接受。这使得语文课与思想品德课或科学课有着重要的不同。一篇科学论文追求清楚、没有歧义，所有的读者都有一致的理解；而文学作品需要理性分析，更需要感受和欣赏。如本书第一辑所述，美感要以感官的感受为基础，形象给予感官的刺激是情感共鸣、形成美感的前提条件。文学作品呈现的是形象而不是概念，亲近感性形象，读者才有可能被触发独特、真实的理解与感动，从而获得审美体验。

好的文学形象有传神、典型、独特三个特点，这也是评析作品创作技法的三个基本指标。

传　神

莫言在《童年读书》中写道：[②]

我怀着甜蜜的忧伤读《三家巷》，为书里那些小儿女的纯真爱情而痴迷陶醉。旧广州的水汽市声扑面而来，在耳际鼻畔缭绕。一个个人物活灵活现，仿佛就在眼前。当读到区桃在沙面游行被流弹打死时，我趴在麦秸草上低声抽泣起来。我心中那个难过，那种悲痛，难以用语言形容。那时我大概

---

① 宗白华：《宗白华全集（第一卷）》，安徽教育出版社 1994 年版，第 323 页。
② 莫言：《会唱歌的墙》，作家出版社 2005 年版，第 68 页。

九岁吧？六岁上学，念到三年级的时候。看完《三家巷》，好长一段时间里，我心里怅然若失，无心听课，眼前老是晃动着美丽少女区桃的影子，手不由己地在语文课本的空白处写满了区桃。

区桃这个文学形象为何如此动人，能够深深地打动少年莫言？无独有偶，高尔基在《谈谈我怎样学习写作》中写道：

我记得，我在圣灵降临节这一天阅读了福楼拜的《一颗纯朴的心》，黄昏时分，我坐在杂物室的屋顶上，我爬到那里去是为了避开那些节日的兴高采烈的人。我完全被这篇小说迷住了，好像聋了和瞎了一样，——我面前的喧嚣的春天的节日，被一个最普通的、没有任何功劳也没有任何过失的村妇——一个厨娘的身姿所遮掩了。很难明白，为什么一些我所熟悉的简单的话，被别人放到描写一个厨娘的"没有趣味"的一生的小说里去以后，就这样使我激动呢？在这里隐藏着一种不可思议的魔术，我不是捏造，曾经有好几次，我像野人似的，机械地把书页对着光亮反复细看，仿佛想从字里行间找到猜透魔术的方法。[1]

又是怎样的文字塑造了这么有魔力的（村妇）形象，竟让高尔基如此着迷？高尔基读到的村妇和莫言所读到的区桃，二者有一个共同点，这两个文学形象不仅是"鲜活"的，而且是"动人"的，这是"传神"的特征。

> 好的文学形象一定是传神的，"鲜活"与"动人"是传神的特征。

西汉《淮南子》一书最早将形神问题与艺术表现联系起来。《淮南子·说山训》讲："画西施之面，美而不可说，规孟贲之目，大而不可畏，君形者亡焉。"[2]绘画要摹写人物，可是描绘出的美女却无法引人怜爱，勾画出的勇士却不能令人畏惧，究其原因，乃在于仅得其"形"而失其"神"——未能准确揭示和传达出人物内在的精神气质。东晋顾恺之在画论中明确提出

---

① 杭州大学中文系编：《外国作家谈写作》，内部读物 1979 年版，第 257 页。
② 君是主宰的意思，形指有形之物，君形者就是主宰形的"神"（指精神或心理）。

了"以形写神""传神"的概念。好画必须"传神",要以"神"为主,"形"可看作是"传神"的工具。相较而言,诗歌理论中抑"形"扬"神"明显迟于绘画理论。晚唐司空图对诗歌艺术规律做了深入揭示,其贡献之一就是提出了"离形得似"之说。(《二十四诗品·形容》)至此,"传神"或"神似"的观念真正在文学理论中确立了自己的地位。自宋代,论诗而重视"传神",成为人们的共识,这一点在对咏物诗的评论中体现得更为突出。[①]

为什么"传神"如此重要?清画家沈宗骞在《芥舟学画编》中谈道:"天下之人,形同者有之,貌类者有之,至于神,则有不能相同者矣。"以描摹人物而言,无论是绘画还是文学,表现一个人的精神气质更能显现其本质,显现其独特和动人之处。换言之,文学要描摹一个人,一定是这个人的某种内在的、稳定的、独特的、本质的东西打动了作者。因此,形象之所以传神是因为它体现了事物的个性、品格、精神、气质等,文学形象因为有了这些特质,就有了灵魂,就像"画龙点睛"一样,文学形象就有了"最动人"的地方。举例说来,一只猫从你眼前走过,你知道它是活的,但它也只是一个活物,而如果你和它相处一段时间,了解了它的脾气与性格,与它有了情感互动,这只猫就不再是一个抽象、笼统、模糊的概念,它成了"这一只"独特又生动的猫,"独特又生动"让这只猫有了神气。再举一例,"来到水潭边,一条鱼倏地游走了",这是所有鱼的本能反应,从文字中我们能感受到这里有一条活着的鱼,仅此而已。如果这么写:"来到水潭边,一群鱼倏地游走散开,只有一条青黑的小鱼转身躲进附近的石缝中,它背对着我,但它的眼睛好像在转动,在窥视我。"这样的一条小鱼就不仅是活的,而且被注入了神气,这样的文字所呈现的文学形象就是传神的。

老舍在《出口成章》里写道:[②]

一旦人物性格确定了,我们就比较容易想出他们的语声、腔调,和习惯用哪些语汇了。……比如说:我设想张三是个心眼爽直的胖子,我即假拟

---

① 参见杨铸:《中国古代艺术形神观念研究》,《北京社会科学》1998 年第 3 期,第 87 页。
② 老舍:《老舍文集(第十六卷)》,人民文学出版社 1991 年版,第 94 页。

着他宽嗓门，放炮似地说直话。同样地，我设想李四是个尖嗓门的瘦子，专爱说刻薄话，挖苦人，我就提高了调门儿，细声细气地绕着弯子找厉害话说。这一胖一瘦若是争辩起来，胖子便越来越起急，话也就越短而有力。瘦子呢，调门儿大概会越来越高，话也越来越尖酸。说来说去，胖子是面红耳赤，呼呼地喘气，而瘦子则脸上发白，话里添加了冷笑……

这段话表明，描写人物的语言、动作、表情等都是为刻画人物性格服务

让学生明白对文学形象进行个性、品质分析是理解"传神"的切入点。

的，只有凸显了人物的个性，所塑造的形象才鲜活、传神。这段话还提醒我们，某个事物因为其神气而打动了作者，作者如果有足够好的写作技法，就能用文字塑造一个传神的形象，把这种感动表现出来。下面是鲁迅在《阿长与〈山海经〉》中写保姆阿长的几个片段。

最讨厌的是常喜欢切切察察，向人们低声絮说些什么事，还竖起第二个手指，在空中上下摇动，或者点着对手或自己的鼻尖。

一到夏天，睡觉时她又伸开两脚两手，在床中间摆成一个"大"字，挤得我没有余地翻身……

"哥儿，你牢牢记住！"她极其郑重地说。"明天是正月初一，清早一睁开眼睛，第一句话就得对我说：'阿妈，恭喜恭喜！'记得么？你要记着，这是一年的运气的事情。不许说别的话！说过之后，还得吃一点福橘。"她又拿起那橘子来在我的眼前摇了两摇，"那么，一年到头，顺顺流流……。"

"那里的话?!"她严肃地说。"我们就没有用么？我们也要被掳去。城外有兵来攻的时候，长毛就叫我们脱下裤子，一排一排地站在城墙上，外面的大炮就放不出来；再要放，就炸了！"

传神的形象因为有"神气"而有"气场"，能"主动"打动人、吸引人，让读者跟着这个气场的频率发生共振。上面这四个片段分别表现了阿长的世俗气、不拘小节、迷信刻板、愚昧，这些概念性的、抽象的词汇没有出现在文本中，阿长的这些品质却藉由其语言、动作、表情、姿态被鲜明地表现出

来，也正是因为作者写出了阿长的这些独特的品质和个性，因而这个形象非常传神。

《红楼梦》是一部塑造了无数传神形象的小说，如贾宝玉、林黛玉、薛宝钗、王熙凤等等。现以贾探春这个形象为例，体会这个形象被塑造得多么传神。[①] 作者借荣府小厮兴儿的话来形容探春："玫瑰花又红又香，无人不爱的，只是刺戳手"（第六十五回），这就是探春的"个性""神气"，那么作者通过怎样的笔墨凝神聚气呢？

探春在大观园里的居所秋爽斋，全然不同于一般女孩的香闺，透着疏朗的大气，可说是斋如其人：

探春素喜阔朗，这三间屋子并不曾隔断。当地放着一张花梨大理石大案，案上垒着各种名人法帖，并数十方宝砚，各色笔筒，笔海内插的笔如树林一般。那一边设着斗大的一个汝窑花囊，插着满满的一囊水晶球儿的白菊。西墙上当中挂着一大幅米襄阳《烟雨图》，左右挂着一副对联，乃是颜鲁公墨迹，其词云：

烟霞闲骨格　泉石野生涯

案上设着大鼎。左边紫檀架上放着一个大观窑的大盘，盘内盛着数十个娇黄玲珑大佛手。右边洋漆架上悬着一个白玉比目磬，旁边挂着小锤。（第四十回）

米襄阳《烟雨图》是一幅大气山水，对联是颜真卿的墨宝，字体端庄沉厚，遒劲雄健。书案上满垒着名人法帖，插笔如林的笔筒、笔海和数十方宝砚……显出探春并没有一般女儿的脂粉气。斋里的大案、斗大的花囊、大幅山水画、大鼎、大盘、大佛手等，更使整个房间弥漫着一种阔大和豪放，隐隐透出须眉之风、丈夫之志。探春是大观园第一个诗社——海棠社的发起人。在给宝玉的"花笺"中，她写道："孰谓莲社之雄才，独许须眉；直以

①参见李希凡等：《传神文笔足千秋：〈红楼梦〉人物论》，文化艺术出版社2006年版，第194-212页。

东山之雅会，让余脂粉。"（第三十七回）直抒巾帼不让须眉之志。

探春是一个有棱角、自尊自爱、坚持原则的人。探春很尊重嫡母王夫人，总是想讨她的欢心，为她排忧解难。但是，王夫人抄检大观园，在她看来则是犯了大忌，是一种自虐自残的昏聩之举，她决不容忍这种侮辱：

探春冷笑道："我们的丫头自然都是些贼，我就是头一个窝主。既如此，先来搜我的箱柜，他们所有偷了来的都交给我藏着呢。"说着便命丫头们把箱柜一齐打开，将镜奁、妆盒、衾袱，衣包若大若小之物一齐打开，请凤姐去抄阅。……探春道："我的东西倒许你们搜阅，要想搜我的丫头，这却不能。我原比众人歹毒，凡丫头所有的东西我都知道，都在我这里间收著，一针一线他们也没的收藏，要搜所以只来搜我。你们不依，只管去回太太，只说我违背了太太，该怎么处治，我去自领。你们别忙，自然连你们抄的日子有呢！你们今日早起不曾议论甄家，自己家里好好的抄家，果然今日真抄了。咱们也渐渐的来了。可知这样大族人家，若从外头杀来，一时是杀不死的，这是古人曾说的'百足之虫，死而不僵'，必须先从家里自杀自灭起来，才能一败涂地！"说着，不觉流下泪来。（第七十四回）

从这段描写能够看到，探春很仗义地保护自己的下人，关键时刻坚持原则不妥协，敢于承担责任，是一个从大处着眼有着家国情怀的女子。"少说有一万个心眼子"的王熙凤，唯独对探春忌惮三分，认为她比自己"更利害一层"。《红楼梦》第七十三回探春为二姐姐出头，维护迎春的尊严，未对欺负主子的王住儿媳妇直接发威惩治，而是把王熙凤的"代理人"平儿叫来说了一番中肯而又严厉的话，警告下人不要坏了规矩，也提醒贾府的管理者不要失了职责，真可谓治标又治本。《红楼梦》第五十五、五十六回，有声有色地抒写了"才自精明志自高"的贾探春的性格与才智。她那"除宿弊"的第一例，便拿荣府少爷们重复领取的学杂费开刀：

> 一个传神的文学形象往往有多个侧面，教学时要关注作者如何有机而统一地将这些侧面整合在一起的。

……一面叫进方才那媳妇来问："环爷和兰哥儿家学里这一年的银子，是做那一项用的？"那媳妇便回说："一年学里，每位有八两银子的使用。"探春道："凡爷们的使用，都是各屋领了月钱的。……怎么学里每人又多这八两？原来上学去的是为这八两银子！从今儿起，把这一项蠲了。平儿，回去告诉你奶奶，我的话，把这一条务必免了。"平儿笑道："早就该免。旧年奶奶原说要免的，因年下忙，就忘了。"那个媳妇只得答应着去了。(第五十五回)

探春的亲舅舅赵国基死了，探春查过旧账，按旧例只给了二十两银子作丧葬费，赵姨娘为此纠缠探春：

赵姨娘开口便说道："这屋里的人都踩下我的头去还罢了。姑娘你也想一想，该替我出气才是。"一面说，一面眼泪鼻涕哭起来。探春忙道："姨娘这话说谁，我竟不解。谁踩姨娘的头？说出来我替姨娘出气。"赵姨娘道："姑娘现踩我，我告诉谁！"探春听说，忙站起来，说道："我并不敢。"李纨也站起来劝。赵姨娘道："你们请坐下，听我说。我这屋里熬油似的熬了这么大年纪，又有你和你兄弟，这会子连袭人都不如了，我还有什么脸？连你也没脸面，别说我了！"探春笑道："原来为这个。我说我并不敢犯法违理。"一面便坐了，拿帐翻与赵姨娘看，又念与他听，又说道："这是祖宗手里旧规矩，人人都依着，偏我改了不成？也不但袭人，将来环儿收了外头的，自然也是同袭人一样。这原不是什么争大争小的事，讲不到有脸没脸的话上。他是太太的奴才，我是按着旧规矩办。说办的好，领祖宗的恩典，太太的恩典，若说办的不均，那是他糊涂不知福，也只好凭他抱怨去。太太连房子赏了人，我有什么有脸之处，一文不赏，我也没什么没脸之处。依我说，太太不在家，姨娘安静些养神罢了，何苦只要操心。太太满心疼我，因姨娘每每生事，几次寒心。我但凡是个男人，可以出得去，我必早走了，立一番事业，那时自有我一番道理。偏我是女孩儿家，一句多话也没有我乱说的。太太满心里都知道。如今因看重我，才叫我照管家务，还没有做一件好事，姨娘倒先来作践我。倘或太太知道了，怕我为难不叫我管，那才正经没脸，连

姨娘也真没脸！"一面说，一面不禁滚下泪来。（第五十五回）

从这段对话，我们能看出探春内心情感丰富又不感情用事，能够非常理性地处理问题。作者写了探春的闺中生活、面对突发事件、革除宿弊、解决矛盾冲突等多个方面，塑造出一个光彩传神的形象。写作就像雕塑，雕塑家一刀一刀地雕琢，作者则用笔墨调配安排各种素材，经过各种铺陈、描画和渲染，将真切的情境、动人的景色、鲜活的人物呈现在我们面前。因此，评价形象塑造的质量，比形似更重要的是传神，这也是评价作者创作技法的重要标准。

典　型

每一个优秀的文学作品中都有令人难以忘怀的文学形象。高尔基在《谈谈我怎样学习写作》中写道：①

我的外祖父是一个残暴而又吝啬的人，但是我对他的认识和了解，从没有象我在读了巴尔扎克的长篇小说《欧也妮·葛朗台》之后所认识和了解的那样深刻。……书本具有一种能给我指出我在人的身上所没有看见和不知道的东西的能力。

别林斯基给令人难忘的文学形象起了个很有趣的名字："熟悉的陌生人"。②对高尔基来说，葛朗台不就是"熟悉的陌生人"吗？他像高尔基的祖父一样吝啬，这是高尔基所熟悉的；可这个形象所表现的吝啬更为深刻，又蕴含了高尔基不熟悉、不了解的内容。可以说高尔基的祖父是一个具体的吝啬的人，而葛朗台是一个典型的吝啬的形象，正是这个典型

> 好的文学形象往往是典型的。让学生体会文学形象的典型化为什么很重要，与前述"情感的表达要深刻"有什么关系。

---

① 杭州大学中文系编：《外国作家谈写作》，中文系内部材料 1979 年版，第 254 页。
② 李衍柱：《文学典型论》，人民出版社 2013 年版，第 8 页。

的塑造，使得这个文学形象超越了具体的人和事，给人更多的触动和思考。

朱光潜在《选择与安排》中强调了文学形象典型性的重要：①

再就一个角色或一个故事的细节来说，那是数不尽的，你必须有选择，而选择某一个细节，必须有它的典型性，选了它其余无数细节就都可不言而喻。悭吝人到处悭吝，吴敬梓在《儒林外史》里写严监生只挑选他临死时看见油灯里有两茎灯芯不闭眼一事。《红楼梦》对于妙玉着笔墨最少，而她那一副既冷僻而又不忘情的心理却令我们一见不忘。刘姥姥吃过的茶杯她叫人掷去，却将自己用的绿玉斗斟茶给宝玉；宝玉做寿，众姊妹闹得欢天喜地，她一人枯坐参禅，却暗地递一张粉红笺的贺帖。寥寥数笔，把一个性格，一种情境，写得活灵活现。

狄德罗认为艺术家必须发现和表现"理想的范本"，这个范本就是典型的人或事。狄德罗在《演员奇谈》中指出，艺术家要创造的是典型人物，而不是模仿现实生活中的某一个具体的人。典型人物既是个别的，又从个别中显现出"最普遍和最显著的特点"。他批评有的画家和演员所犯的毛病时说：②

你的画，还有你的表演所显示的仅仅是个别人的肖像，这些肖像大大不如诗人描绘的那个普遍概念和我期待的那个理想范本。你的女邻居长得美，非常美，这我同意。不过她不是美本身。你的作品和你的模特之间的差距，相当于你的模特儿和理想范本之间的差距。

"她不是美本身"，这个提示很重要！作者最终应通过文学形象表现美这一本质，而不是停留在某个具体的、孤立的美的表象上。熟悉的陌生人、理想的范本都是典型的艺术形象，构建理想范本就是典型化——塑造典型的艺术形象——的过程。高尔基在《我的文学修养》中说："文学家在描写一个

---

① 朱光潜：《朱光潜全集（第四卷）》，上海文艺出版社 1982 年版，第 210 页。
② 参见［法］狄德罗：《狄德罗美学论文选》，人民文学出版社 1984 年版，第 309 页，第 310-311 页。

他所熟悉的小商人、官吏、工人时，它不能提供任何东西以扩大和加深我们对人、对生活的认识。但是作家如果能从二十个到五十个，从几百个小商人、官吏、工人之中抽出最富有特征的阶级特点、习惯、嗜好、举止、信仰、谈笑等等，把它们抽出并统一在一个小商人、官吏、工人身上，那么，作家就会用这种方法创造出'典型'，这才是艺术。"艺术家通过典型化这一艺术手法，创造出更有意味、更富美感、来源于生活又超越生活的艺术形象。法国巴尔扎克的《人间喜剧》被称为"法国社会的百科全书"，巴尔扎克自称是法国社会的"书记员"，他的文学作品就是在选取典型，

> 典型形象塑造显示了作者深邃的观察力和高超的表现力，教学中要让学生将典型的文学形象与生活中的具体形象关联起来并进行比较。

在进行抽象，从而塑造出不朽的文学形象。他在一本书的序言中说："艺术家的使命就是创造伟大的典型，并将完美的人物提到理想的高度。……如果他只是想去临摹一个现实的女人，那么他的作品就不能引起人们的兴趣，读者干脆就会把这未加修饰的真实扔到一边去。"[1]

典型形象的塑造显现了作家深邃的观察力和高超的表现力。典型的艺术形象不是对生活形象的概念的演绎，而是对生活形象的艺术的提炼和集中。艺术家锐敏地捕捉着各种各样的生活样态，通过形象思维把这些原料加工集中提炼而成为典型环境、典型性格、典型思想和典型行为。歌德认为，文学创作的关键是抓住特殊，从这特殊中表现出一般。[2] 因此，没有典型就没有艺术，评价艺术形象优劣和作者创作能力的一个重要标准就是其典型化是否成功。

分析文学中的典型形象可从两个方面入手：一是"典"，二是"型"。

"典"意味着经典。被典型化的文学形象是经典的，因为这些形象意义重大、意味深长，值得通过典型化将其抽象出来成为人们永远思考和品味的对象。莱辛认为，渺小的艺术家只是为写作而写作，为模仿而模仿；而天才

---

① [法] 费利克斯·达：《巴尔扎克〈19 世纪风俗研究〉》序言，载《古典文艺理论译丛》1962 年第 3 辑，第 168 页。

② [德] 艾克曼辑录：《歌德谈话录》，人民文学出版社 1978 年版，第 90 页。

的艺术家，他的主要人物性格的布局和塑造，包含着远大的目的，即教导我们应该做什么或者允许做什么的目的；教导我们认识善与恶。[①]教师要让学生理解典型，就要帮助他们理解典型形象的意义。葛朗台的经典在于其"吝啬"，这对人类来说意义重大，是自远古时期就关系到人类生存的重要特质，那时群体要生存、要抵抗风险，需要每个成员齐心协力，合作分享，吝啬、自私的行为会对整个群体产生消极影响，因而会被厌恶和唾弃。《祝福》中的祥林嫂，这个典型形象的意义在于：一个弱者如此艰难地挣扎，她好像一个就要溺毙的人，周围却围满了冷漠的看客，她的悲惨境遇、她的死似乎与这些看客没有关系，但这些看客似乎又都脱不了干系。我们每个人都会遇到各种各样的困境，虽然不像祥林嫂遇到的困境那么极端，但我们都需要他人、社会的扶持与关怀。祥林嫂这个形象让我们反思如何构建一

> 典型形象往往是经典形象，引导学生思考：经典形象有什么特征，作者又是如何塑造经典形象的？

个让我们生活得更有尊严、更温暖的社会。《我的叔叔于勒》中的父母同样是经典形象，其意义在于：这对父母就是芸芸众生中的普通人，他们所表现出的嫌贫爱富袒露了人性的特质，他们表现出的弱点可以理解甚至被同情。值得深思的是，这种人性出现的深层的原因是什么？诱发的线索是什么？这种人性会改变吗？《项链》中的女主人公这个经典形象同样意义深远：暂不论虚荣这一人性弱点，这个形象揭示了一个非常重要的现象——无常，以及无常中人被操纵的命运沉浮，而人在这个过程中显得那么无助与无奈。这值得思考：我们该如何面对无常？

"型"即类型，具体的形象经过选择、概括、抽象而形成某种类型。文学创作中，文学形象典型化的方法有两种。

第一种，以生活中的某一个原型为主，加以概括、想象和虚构，从而创造出典型人物。莱辛主张艺术家应"把现实世界的各部分加以改变，替换，

[①] [德] 莱辛：《汉堡剧评》，上海译文出版社 1981 年版，第 181 页。

缩小，扩大，由此造成一个自己的整体，以表达他自己的意图。"[1] 例如，鲁迅的《狂人日记》中的狂人，原型是他的一个表兄弟。鲁迅结合平时对黑暗社会的多方见闻，改造了这个疯人形象的内容，赋予人物以深刻的社会意义，从而塑造出了狂人这个艺术典型。

第二种，在广泛地集中、概括众多人物的基础上塑造出典型人物。这就是鲁迅说的"杂取种种人，合成一个"的方法。传说古希腊画家宙克西斯画海伦的像，用五个美女作模特儿，把各人的美集中概括在一个人身上，所以画出来的人物比原来任何一个美女都美。巴尔扎克在谈人物塑造时指出："为了塑造一个美丽的形象，就取这个模特儿的手，取另一个模特儿的脚，取这个的胸，取那个的骨。"鲁迅说："所写的事迹，大抵有一点见过或听到过的缘由，但决不全用这一事实，只是采取一端，加以改造，或生发开去，到足以几乎完全发表我的意思为止。人物的模特儿也一样，没有专用过一个人，往往嘴在浙江，脸在北京，衣服在山西，是一个拼凑起来的角色。"（《我怎么做起小说来》）

北师大版九年级下册《乞丐》后的"阅读练习·探究"中有这样一道题："《我的叔叔于勒》和《范进中举》有哪些相似之处？《我的叔叔于勒》中的'母亲'所说的哪些话和胡屠户特别相似？"这是一个好的练习形式，让学生通过文本对比来体验文学形象的典型性。

知道范进中了举人之后，胡屠户说：

> 典型塑造的基础是形象的类型化，引导学生对比不同的文学形象，欣赏其独特而又深刻的特质。

我那里还杀猪！有我这贤婿，还怕后半世靠不着也怎的？我每常说，我的这个贤婿，才学又高，品貌又好，就是城里头那张府、周府这些老爷，也没有我女婿这样一个体面的相貌。

一心盼望于勒能发财回来的"母亲"说：

只要这个好心的于勒一回来，我们的境况就不同了。他可真算得一个有

---

[1] ［德］莱辛：《汉堡剧评》，上海译文出版社 1981 年版，第 179 页。

办法的人。

范进向胡屠户借盘费，被胡屠户一口啐在脸上，骂了一个狗血喷头：

不要失了你的时了！你自己只觉得中了一个相公，就'癞蛤蟆想吃起天鹅肉'来！……像你这尖嘴猴腮，也该撒泡尿自己照照！不三不四，就想天鹅屁吃！

发现贫困的剖牡蛎的人就是于勒后，"母亲"突然暴怒起来，说：

我就知道这个贼是不会有出息的，早晚会回来重新拖累我们的。现在把钱交给若瑟夫，叫他去把牡蛎钱付清。已经够倒霉的了，要是被那个讨饭的认出来，这船上可就热闹了。咱们到那头去，注意别叫那人挨近我们！

通过比较二者语言的相似之处，我们会发现"母亲"与胡屠户表现了共同的特质：嫌贫爱富、虚伪、谄媚、暴躁。这些特质就是文学形象的典型之处，通过文本对比让学生更深刻地认识了这些文学形象的典型性。胡屠户还可以与契诃夫《变色龙》中的警官奥楚蔑洛夫比较，二者都善变、前倨后恭且奴性十足；这个文学形象还可与《葛朗台》中的主人公比较，二者都是冷酷、吝啬与贪婪的。通过这样的多重比较，学生就能够将一个文学形象的典型特征抽取出来，从而更深刻地理解该形象的意义。

总之，典型化使得文学形象有了超越性和永恒性，典型形象超越了具体的人和事，变成一类人或一类事的代表。典型形象的生命力极为强大，这些典型形象一直活着，就活在我们身边，甚至我们很多人的个性中都有相似的部分。一旦文学形象成为典型，它所传递的情意将变得深刻，能够揭示和呈现某种规律、本质的东西，从而给我们带来持久的触动与警醒。

独　特

下面是小学课文叶·诺索夫的《白公鹅》的片段：

如果可以给禽鸟授军衔的话，那么，这只白鹅满可以当个海军上将。瞧它那姿态，那步履，它同村里其它的鹅讲话时的那种语调——全是海军上将的风度。

它走起路来神气十足，一步一停。每迈出一步之前，总是先把白色制服下的鹅爪高高抬起，同时把那像折扇似的脚蹼一收，这样站一会儿，然后才不慌不忙地把脚往泥泞里踩去。它竟然能够用这种姿势走过最泥泞的道路而不弄脏一片羽毛。这只鹅从来不跑，甚至放狗去赶它也不跑。它总是高高地、一动不动地昂起长长的脖子，好像脑袋上顶着一杯水似的。

> 帮助学生理解：独特的文学形象才有生命力，因为每个生命或经过主观经验渲染的事物都是独特的。

……

它多次吃掉我罐子里的蚯蚓，拖走我穿在绳子上的鱼。它干这些并不是偷偷摸摸的，而是大大方方、从容不迫的，仿佛在显示它对这条河流的统治权。显然，它认为这个世界上的一切都是只为它而存在的，要是它知道连它自己也是属于一个村童斯焦普卡的，只要斯焦普卡愿意，完全可以把它宰了，让母亲拿去做鹅肉白菜汤——要是它知道的话，一定会感到惊奇。

下面是与《白公鹅》同一个单元的小学课文，丰子恺《白鹅》的片段：

鹅的叫声，与鸭的叫声大体相似，都是"轧轧"然的。但音调上大不相同。鸭的"轧轧"，其音调琐碎而愉快，有小心翼翼的意味；鹅的"轧轧"，其音调严肃郑重，有似厉声呵斥。……鹅则对无论何人，都是厉声呵斥；要求饲食时的叫声，也好像大爷嫌饭迟而怒骂小使一样。

鹅的步态，更是傲慢了。这在大体上也与鸭相似。但鸭的步调急速，有局促不安之相。鹅的步调从容，大模大样的，颇像平剧里的净角出场。这正是它的傲慢的性格的表现。我们走近鸡或鸭，这鸡或鸭一定让步逃走。这是表示对人惧怕。所以我们要捉住鸡或鸭，颇不容易。那鹅就不然：它傲然地站着，看见人走来简直不让；有时非但不让，竟伸过颈子来咬你一口。这表示它不怕人，看不起人。但这傲慢终归是狂妄的。我们一伸手，就可一把抓住它的项颈，而任意处置它。家畜之中，最傲人的无过于鹅。同时最容易捉住它的也无过于鹅。

鹅的吃饭，常常使我们发笑。我们的鹅是吃冷饭的，一日三餐。它需要三样东西下饭：一样是水，一样是泥，一样是草。先吃一口冷饭，次吃一口水，然后再到某地方去吃一口泥及草。大约这些泥和草也有各种滋味，它是依着它的胃口而选定的。这食料并不奢侈；但它的吃法，三眼一板，丝毫不苟。譬如吃了一口饭，倘水盆偶然放在远处，它一定从容不迫地踏大步走上前去，饮水一口。再踏大步走到一定的地方去吃泥，吃草。吃过泥和草再回来吃饭。

中外两个作家写了两只不同的白鹅，这两只鹅的形象都很传神，同时也很独特。叶诺索夫的白鹅更气派、矜持——像海军上将；丰子恺的白鹅更霸道、傲慢——像一个壮硕莽汉。两只鹅客观上是不同的，更重要的，每一只鹅（准确地说每个作者看到的、心中的鹅）的内在——也就是神气——是不同的。鲜活、动人的文学形象必然是独特的，世界上没有两片相同的树叶，更何况文字所呈现的形象经过了作家的情意点染。能用文字呈现独特的文学形象是评价作家创作能力——能感知、能写之——的重要标准。

> 对相似形象进行对比是理解和欣赏独特的文学形象很有效的方法。

好的文学作品有一个共同的特点——给读者呈现独特而动人的形象，金圣叹说《水浒传》让人看不厌，无非因为作者"叙一百八人，人有其性格，人有其气质，人有其形状，人有其声口"。朱自清笔下的春、梅雨潭的绿、他的父亲；鲁迅笔下的阿Q、祥林嫂、孔乙己；《雷雨》《红楼梦》《范进中举》中特色鲜明的人物等等，所有优秀文学作品中的形象都是独特的，也因这独特而给人永不磨灭的感动。

文学是艺术，艺术形象必须独特。这不是说艺术创作要标新立异、为了独特而独特，而是因为每一个艺术作品都是作者"自己的"经验的表达，它必然是独特的。独特才能生动、独特才有细腻，失去独特的生动是矫情，没有独特的细腻是无病呻吟。曹文轩指出，文学的意义在于，它使我们看到了丰富无极的世界，我们在既相似又不同的景观与感觉中获得了这种可以增加

让学生思考：文学形象的独特与传神、典型及作品的风格有什么关系。

自身生命重量的丰富性。曹文轩引用塔迪埃在分析普鲁斯特的小说时说了的话："有多少艺术家，就有多少面不同的镜子，因为每人有自己的世界，它与其他任何世界都不相同。伟大的作品只能与自己相似，而与其他一切作品不同。……艺术家的世界的孤独性，即区别性，来自他那独一无二的角度，……每一位有独特性的艺术家都向我们展示一个新世界。"[1]

同样写白玉兰，张爱玲与张洁同样有深度，但两人笔下的白玉兰却很不同。张洁笔下的白玉兰是很美的，牙黄色的花，翠绿的叶子，显得非常高雅，她说："这一辈子，活到四十多岁，才看到如此美的花，不禁可怜自己，不禁心情黯淡起来。"但张爱玲看到这个白玉兰怎么样呢？"像污秽的白手帕，又像废纸，抛在那里，被人遗忘了，大白花一年开到头。从来没有那样邋遢丧气的花"。[2]这不仅是二人看到白玉兰的感觉不同，而是整个人的不同。张爱玲认为"生活是一袭华丽的旗袍，长满了蚤子。"她听交响乐感觉是："紧张"得好像要把观众"扫数肃清铲除消灭"；大小喇叭，钢琴、小提琴一一安排布置，她感到好像是"四下里埋伏起来，此起彼应"，是一种"有计划的阴谋"；哪怕是听美好的音乐，勾起的也是内心深层那种阴暗的、对人不信任的危机感、恐惧感，以及对阴谋的警惕。她整个人就是这个样子。文字表达的不是客观世界本身，而是基于经验的表象，人们藉由经验形成表象，类似于相机拍下照片，但二者有一个重要的不同，相机对景物不加选择地、完全地、真实地还原；可是人感知到的信息进入大脑后，在编码时受到个体既有经验、知识基础、气质、人格、价值观、认知风格等因素的影响，从而形成有巨大差异的表象。如果将张爱玲和张洁比作相机，二者的镜

---

① 曹文轩：《小说门》，北京大学出版社 1997 年版，第 56 页。

② 孙绍振：《文学性讲演录》，广西师范大学出版社 2006 年版，第 354-355 页。

头完全不同，最终的成像自然天差地别。

作者的个体差异显现在文字上，向我们呈现了一幅"独一无二"的画面，而且体现了作者独特的写作风格，体现了文学艺术的审美价值。

文学形象的独特不仅在赏析文学作品时要关注，对中小学的写作教学也很重要。朱光潜指出，艺术的使命在创造具体的形象，具体的形象都要有很明显的个性。他批评了文学形象的"千篇一律，没有个性和生气"：[①]

> 作文使用意象，颇非易事。我们脑中积着许多陈腐词藻，一动笔就都拥挤上来。一提到美人就是桃面柳眉，一提到变化无常就是浮云流水、桑田沧海。写恋爱老是那一套三角场面，写抗战老是那一套间谍勾当。……我们所提倡的"具体"不仅是要用感官所接受的意象，而且是要把这种意象通过创造的想象，熔成一种独到的新鲜的境界，或是一个有特殊生命的性格。情境写得像《水浒》里的武松打虎或《史记》里的鸿门宴，人物写得像莎士比亚的哈姆雷特或曹雪芹的刘姥姥，我们说那才不愧为"具体的"。

小学课文《百泉村》有这样的描写：

> 你看这四周的群山，你会发现，南山像一把怒刺云霄的剑，北山像猴儿捧着蜜桃，东山像两座驼峰，西山像雄鹰展翅。
>
> 你不觉得你是生活在童话世界里吗？
>
> 这儿，山高谷狭，阳光和月光，常把山影儿描画在对峙的山峰上。
>
> 你走在这峡谷道上，仰望青蓝的天，像一条带子；两面的高山，像碧绿的屏障。

虽然作者用了一系列比喻描写山和水：怒刺云霄的剑、蜜桃、驼峰、雄鹰展翅、带子、屏障，其形象却非常干瘪和空洞，像是小学生应付老师的作文：写月亮就像圆盘，写河水就像绿色的丝带，写绿叶就像碧玉。

> 让学生警惕：写作时用套语、套路是塑造独特形象的大敌。

[①] 朱光潜：《朱光潜全集（第四卷）》，上海文艺出版社 1982 年版，第 268 页。

这是一种偷懒省事的写法，失掉了文字的质朴和诚恳。这样的文字呈现出来的表象没有独特性，不能打动人。这就是朱光潜所批评的没有个性和生气。

老舍以人物语言的描写为例说明文学形象的塑造一定要独特。他说他在写人物语言时"事先想得很多、很久"，因为他要考虑人物什么模样，说话的语气，以及他的思想、感情、环境。即使快人快语实际上也要分情况，有些人是快人而不是快语，有些人是快语而不是快人。他对《水浒传》中的李逵、武松、鲁智深等人物形象的评价：性格有相近之处，却又各不相同，这在他们的说话中也可区别开。总而言之就是"甲说甲的话，乙说乙的话"。[①]总之，独特的文学形象才有个性，有个性的形象才传神、动人，无论是阅读教学还是写作教学，关注文学形象的独特性都是非常重要的。

003 文字分析

刘勰在《文心雕龙》里说，文字"乃言语之体貌，而文章之宅宇也"（《练字》），"立文之道，惟字与义"（《指瑕》），"人之立言，因字而生句，积句而成章，积章而成篇"。（《章句》）文字掌握得多少、深浅，是否能恰用、活用、妙用，决定了整个作品传情达意的精粗优劣。自古就有"言而无文，行之不远"的说法，文，即指文字要有文采。宋代梅尧臣说："诗家虽率意而选语亦难。若意新语工，得前人所未道者，斯为善也。必能状难写之景如在目前，含不尽之意见于言外。"因此，作家遣词用句的能力直接决定了作品的表情是否真诚、深刻、有韵味。

字、句是构成文章的元素，是用书面语言表情的先决条件。老舍说："做人应当老老实实，写文章不应当老实，要锐利，有风格，有力量……话就是这些话，虽然是普通的话，但用得那么合适，能吓人一跳，让人记住，

---

① 老舍：《老舍文集（第十六卷）》，人民文学出版社 1991 年版，第 49 页。

这就是创造。"① 他还说："文学语言不仅负有描绘人物、风景，表达思想、感情，说明事实等等的责任。它还须在尽责之外，使人爱读，不忍释卷。它必须美。"② 唐人有"吟成一个字，捻断数茎须"的说法，杜甫有"文章千古事，得失寸心知"之句，李白讥诮杜甫："借问别来太瘦生，总为从前作诗苦。"对作品的文字进行分析，对于欣赏作者的睿智、了解作者炼字炼句的过程和付出的心血、感悟文字的美无疑是非常重要的。

准确生动

老舍说："运用文字，首先是准确，然后才是出奇。文字修辞、比喻、联想假如并不出奇，用了反而使人感到庸俗。讲究修辞并不是滥用形容词，而是要求语言准确而生动。"③ 文字准确生动是文学创作的基本要求，是炼字炼句的核心指向，也是文字分析的关键内容。朱光潜在《咬文嚼字》中写道：④

郭沫若先生的剧本《屈原》里婵娟骂宋玉说："你是没有骨气的文人！"上演时他自己在台下听，嫌这话不够味，想在"没有骨气的"下面加"无耻的"三个字。一位演员提醒他把"是"改为"这"，"你这没有骨气的文人！"就够味了。他觉得这字改得很恰当，他研究这两种语法的强弱不同，以为"你是什么"只是单纯的叙述语，没有更多的意义，有时或许竟会不是；"你这什么"便是坚决的判断，而且还必须有附带语省略去了。

朱光潜指出："咬文嚼字，在表面上只是斟酌文字的分量，在实际上就是调整思想和情感。从来没有一句话换一个说法而意味仍完全不变。"韩愈替贾岛定"僧推月下门"为"僧敲月下门"，郑谷改齐己《早梅》诗"前村

① 老舍：《文学创作和语言》，载《修辞学习》1995 年第 4 期，第 35 页。
② 老舍：《老舍文集（第十六卷）》，人民文学出版社 1991 年版，第 70 页。
③ 同上，第 59-60 页。
④ 朱光潜：《朱光潜全集（第四卷）》，上海文艺出版社 1982 年版，第 214 页。

风雪里，昨夜数枝开"中的"数"为"一"，李泰伯改范仲淹《严先生祠堂记》"云山苍苍，江水泱泱，先生之德，山高水长"中的"德"为"风"，都比原作胜百倍。在文学中情意的表达需要依靠具体的形象，炼字炼句最直接的价值就是构建和传达更准确、更精美、更动人的意象。显然，这是一个反复而艰苦的过程。对此朱光潜说道：[1]

引导学生基于具体的文本思考：为什么优秀的文学作品往往要"咬文嚼字"，如何理解"改变了文字就改变了思想和情感"？

最精妙的意象不一定是最初来到的。……真正艺术家却要鞭辟入里，要投到深渊里去披泥探珠，所以他们所得到的意象精妙深刻，不落俗套。他们使用媒介来传达意象也是一样谨慎。每一种话都有几种说法，但是只有一种说法是精确的。一般人得其近似便已心满意足，艺术家却不惜苦心思索，寻得一个字稍嫌未安，便丢开再寻，再寻得一个字仍有未妥，则又丢开再寻，一直寻到最精确的字才肯放手。造句布局也是如此。这种功夫就是从前诗人所谓"锻炼"。

教师要引导学生体会、欣赏优秀作品用字的精妙，进而理解作者高超的运用文字的能力。例如，陶渊明的"悠然见南山"中的"见"[2]有何妙处？陶渊明的《归去来兮辞·并序》记述了陶渊明从官场回到田园的历程，这是人生的寻觅，也是灵魂的皈依。在官场时犹如"误落尘网中，一去三十年"，苦闷、苦痛！但就是这苦痛才凸显最终找到自己的灵魂坐标多么值得欢喜！——"木欣欣以向荣，泉涓涓而始流。善万物之得时，感吾生之行休。"新的生命开始了，大快乐啊！真是"久在樊笼里，复得返自然"啊！"返"

---

[1]《朱光潜全集（第一卷）》，上海文艺出版社1982年版，第416页。

[2] "见"一说读 xian（去声），不少人认为此字与"风吹草低见牛羊"中的"见"一样应读 xian. 苏轼在《东坡题跋》中说："近世人轻以意改书。……陶潜诗：'采菊东篱下，悠然见南山。'采菊之次，偶然见山，初不用意，而境与意会，故可喜也。今皆作'望南山'。……二诗改此二字，便觉一篇神气索然也。"（苏轼：《东坡题跋》，中华书局1985年版，第32页）由此可知，此句有"望""见"之争，显然与"望"相对的是见（jian）而不是见（xian）。上句"采菊东篱下"，第一人称视角，且有"采"之动作，见（jian）也是由第一人称发出的动作，故该字读见（jian）文气更连贯。

说明他回了家，回到了他应该在的地方。象征着自由、安然的"南山"，是心灵的家园，苦苦寻觅，险些错过，现在，似乎在不经意间终于"见"到它了，这个"见"字读起来那么轻松自然，却分明让我们体会到一种"宿命感"。"见"用得好！它所表达的意象和曲折的寻觅、归家的欣喜有非常高的一致性，非常完美地传递了作者要表达的情意。

孟浩然的《宿建德江》："移舟泊烟渚，日暮客愁新。野旷天低树，江清月近人。"诗人为什么不说"人近月"而说"月近人"呢？除了要合仄押韵，更重要的是，靠近人的月亮成了一个能理解诗人"客愁"的伴侣，它主动靠拢来陪伴、安慰漂泊流浪之人，从而也更凸显诗人内心的孤寂和排遣寂寞、失意的寄望。

杜甫《春望》中的"感时花溅泪，恨别鸟惊心"，教师可以让学生体会"溅"的精妙——感伤时看到盛开的花，眼泪不由自主地涌出来"溅"在花上，这是一种多么极致的伤感！有哪个字能代替"溅"呢？

> 中小学课文中有大量优美生动的文字值得从"炼字"的角度对其进行赏析，这个过程中参考、分享名家名篇的评析是必要的。

教师还可以让学生思考，李清照《如梦令》中："知否，知否？应是绿肥红瘦。"改成"绿盛红衰"可以吗？盛、衰，是植物的自然生长状态，而肥、瘦就有了动物乃至人的特性，形成了更为强烈和鲜明的对比，更有了主观的情感投射。还有，蒋捷《一剪梅》中"流光容易把人抛，红了樱桃，绿了芭蕉"。"流光"如果换成"时光"，表达效果是否弱化？用"抛"字好在哪里？可以用其他的字替代吗？

如果说炼字的关键是体会用字的精妙，那么，炼句的关键则是分析单个句子的形态或多个句子的编排而产生的表情达意的效果。这就是朱自清所说的："某种特殊句子的形式，不仅是作者在技巧方面的表现，也是作者别有用心处。讲解国文时必须加以说明。"[①]以鲁迅《秋夜》的开端为例：

---

① 朱自清：《语文杂话》，三联书店 2012 年版，第 31-32 页。

在我的后园，可以看见墙外有两株树，一株是枣树，还有一株也是枣树。

朱自清认为，这不是普通的叙说，作者存心要表现某种特殊的情感："鲁迅见到的窗外除掉两株枣树，便一无所见。更使人厌倦的是人坐在屋里，一抬头望窗外，立刻映入眼帘的东西，就只是两株枣树，爱看也是这些，不爱看也是这些，引起人腻烦的感觉。"这就是修辞上的技巧，明白了这样的技巧才能对这两句话兼有了解与欣赏。北师大版教材九年级下册《孔乙己》后的"品味·积累"中让学生品味课文的最后一句：

我现在终于没有见——大约孔乙己的确死了。

孔乙己腿被打断，又断了生计，很久没有出现在酒馆，死亡是有可能的，但"我"没有亲见孔乙己的死，也没有他人提供确切的信息，"大约"反映了基于客观事实的理性判断。"的确"死了，这不是与"大约"矛盾吗？没有证实的事情怎么能"的确"呢？这是作者的情意判断，作者在提醒我们，在那个社会、那个时代，孔乙己是没有活路的，他是"一定"会死掉的。这样的句式让我们对孔乙己个人生死的关切转向对他所生活的环境和时代的关注，有"含不尽之意见于言外"的表情效果，显示了作者高超的驾驭文字的能力。

句式多种多样，包括长句和短句，单句和复句，倒装句与顺装句，肯定句与否定句，判断句与描写句，散句与整句，束句与起句，对称句与排比句，警句与秀句等等。在语文学习中，了解这些

> 对句式的分析一定要与其表情达意的效果联系起来。

句式是有益的，但重要的不是记住它们，而是要结合具体的文本，理解某个句式对表情达意起到了怎样的作用。一个优秀的作者会活用、妙用各种句式，以表达复杂而细腻的情感。如《纪念刘和珍君》中："惨象，已使我目不忍视了；流言，尤使我耳不忍闻。我还有什么话可说呢？我懂得衰亡民族之所以默无声息的缘由了。沉默呵，沉默呵！不在沉默中爆发，就在沉

默中灭亡。"这段话先用骈偶句,次用反问句,接用陈述句,连用感叹句,最后用警策句,一层一层使得悲愤的情感得到淋漓尽致的表现,展现了震撼人心的巨大力量。

适 切

日常生活中我们说话时往往要"掂量掂量",要根据情境、听者的特点、与听者的关系等等因素决定说什么、怎么说,这是在考虑语言的适切性。文学是精致的表达,是"有意味的形式",更要追求文字的适切。有些学生写作文时觉得某句话很出彩,但这不一定是好句子,因为它很有可能与其他的字句及整个文本不匹配,甚至起了负作用。就像一个人戴了件漂亮的饰品,可是与其气质及穿衣风格不协调,看起来就会很别扭。一座大楼要使用数量庞大、种类繁多的材料,这些材料要在各自的位置上发挥恰当的功能,同理,一篇好的文学作品由那么多的字句组成,这些文字也要发挥好自己的作用且协调一致地相互配合。前面说到文字要准确而富有表现力,指的是文字本身能准确生动地表达作者的想法,这里谈的适切指的是要协调好文字与文字,文字与整个文本的关系。北师大版9年级下册《桃花源记》后面的学习提示中写道:

> 引导学生从整体文本视角对字、句的适切性进行分析。

《桃花源记》中三字、四字的短句很多,一般文言文的"之乎者也"等虚词、语助词很少。请与读过的一些古文对比,说说看,这是否是该文读来简练、畅达、朴实的重要原因?

这段话提示,文学作品中的文字不仅自身要精彩,而且还要有很高的适切性,非常好地成为整个文本有机的组成部分。简练、畅达、朴实是一个文本的整体风格,那么这个文本中择用的所有字句都要与这个文本风格相匹配。从文本整体看,高适切性文字的应用与组合共同实现了准确、生动的表

情达意。朱光潜在《选择与安排》中写道：[①]

> 最好的文章，象英国小说家斯威夫特所说的，须用"最好的字句在最好的层次"。找最好的字句要靠选择，找最好的层次要靠安排。……善将兵的人都知道兵在精不在多。精兵一人可以抵得许多人用，疲癃残疾的和没有训练、没有纪律的兵愈多愈不易调动，反而成为累赘或障碍。一篇文章中每一个意思或字句就是一个兵，你在调用之前，须加一番检阅，不能作战的，须一律淘汰，只留下精锐，让他们各站各的岗位，各发挥各的效能。排定岗位就是摆阵势，在文章上叫做"布局"。在调兵布阵时，步、骑、炮、工、辎须有联络照顾，将、校、尉、士、卒须按部就班，全战线的中坚与侧翼，前锋与后备，尤须有条不紊。

朱光潜的这段话强调了字句的安排，即关切字句与整个文本的关系。具体说来，教师可引导学生关注以下三个方面以评析文字的适切性——主旨：文字要为表现文本主旨服务；逻辑：文字之间的关系须协调一致；策略：运用恰当的技巧表情达意。下面以一篇文章的节选为例说明如何评析文字的适切性。

> 可怜的你们，既然到这里来，大概都是为着生活的威迫而陷于失业时候了。你们没有职业，为甚不去爽爽利利的结果了自己，何苦对于"生"如此眷恋？你们也许是因为你们自己的梦，你们也许因为自己家中可怜的父母姊妹——他们的梦又建筑在你身上——而觉得生足以眷恋吧？但是，这世界，是能让你们这样柔懦的人们，永远的，永远的，做着梦生下去的世界吗？

> 你们抱着偌大的希望，来到这里，期望自己写的那两个小楷字，什么意见书的文章，走到看卷先生们眼下，引起注意，得蒙赏识，认定你的能力时，会给你一口饭吃；可你们人是这样多，而足以安置你们的书记又是这样少！你们的希望，可怜啊！你们两百人中间一百九十几个的希望。

> 我想你们的脑汁实在不必绞了！——尤其少年的弟兄。你们应当到别的

---

① 朱光潜：《朱光潜全集（第四卷）》，上海文艺出版社 1982 年版，第 207-208 页。

事情上去想法。这桩事，最好是让老到不能干重活粗活的叔父们去干。你们可以跑到军队中去，你们可以去做与兵对称与兵时时相互变易名号的匪队里去。你们除了兵匪以外也还可以去做一个苦力——但你们无论如何却不应做这种事情。你们还年青！你们的梦也不能建筑在这种比卖淫的女人还不如的事业上！你们既不能借着父兄余荫，享一点安乐福；你们又不会像别人百计钻营，最好还是当兵哟！我们当兵

去，我们都可以当兵去！别个朋友劝我当兵，我更想劝你们都去。当兵的好处，比像每日随着打筛的马同一步骤同一待遇的书记强多了！当兵入伍，比我们到这囚牢中给一些狗看我们像看受刑的囚犯似的情形好多了！

左右我们在世界上实在值不得活下去，——就是春天的好处也没有你我的份；一枪打死，算个什么呢。万一中若不被打死，你就可以去打人了；你可以用枪随你的意思去向敌人瞄准，不拘打哪一块。

你们也许还从不认清你们的敌人。这我可以告你。眼前的一切，都是你的敌人！法度，教育，实业，道德，官僚……一切一切，无有不是。至于像在大讲堂上那位穿洋服梳着光溜溜的分头的学者，站立在窗子外边龇着两片嘴唇嘻笑的未来学者(以及同你在战场上血肉搏争的对抗兵士)，他们却不是你们的敌人，只是在你们敌人手下豢养而活的可怜两脚兽罢了！他们虽然对于你们的苦囚样子，感到一点好玩的卑劣意思，为着自己地位的骄傲，暗里时常发笑，也间或会于不能自己的时候，想把你们放到脚下来踩蹒几脚，抒抒他们被他主人践踏无处发泄的怨气。但他们终不是我们敌人，他们的行为，我们见到，也只觉得又讨嫌又可怜罢了！

这样的文字文风非常强劲，力道很足！也许令人难以相信，这篇文章是《边城》的作者沈从文1925年写的，选自《给到X大学第一教室绞脑汁的可怜朋友》[1]。这篇文章是激烈、凝重的，与沈从文小说的田园风格截然不

---

① 沈从文：《重抵桃源——沈从文散文》，浙江文艺出版社2014年版，第27页。

同，这种风格的"奇变"显现了沈从文对文字的驾驭能力。这些文字正像朱光潜所说成为作者调用的兵将，这种调用体现了文字高度的适切性。

从文字与文本主旨的关系来看。文本的主旨有两个，一是批判虚伪、肮脏、残酷的世界，二是呼吁青年们要搏命地反抗，要争取做人最基本的尊严。文章的所有字句都围绕着这个主旨进行铺叠，没有废话、模棱两可的话，所有的文字构成一个整体，协同合作表达作者强烈的情感与意旨。

从文字之间的逻辑关系来看。每一段的字句都构成一个清晰的逻辑模块，第一段是点醒棒喝，第二段是现实关怀，第三段是激越之情，第四段是升华陈词。这几段文本的信息量很大，所表达的情意丰满深切，每个字句都在恰当的位置出现，进而配合起来共同完成每一个逻辑模块预设的表达意图。

从文字表达的策略来看。这篇文章充满着反问、反语、讽刺、怒喝、极端化表达。例如，作者写"我想你们的脑汁实在不必绞了！"而不是"我想你们不必绞尽脑汁了！"前者更含有讽刺和揶揄的味道。第一段以"可怜的你们"开头，文中甚至出现了"为甚不去爽爽利利的结果了自己"这样的话。这就是文字表达的策略——引起听众的

> 从主旨、逻辑、策略三个方面分析文字的适切性。

高度关注，预示演讲的重要性与急迫性。这段文字的目的是通过点醒棒喝的方式表达对年轻人未来前途的关切，但这样的表达无疑是有风险的，整段文字都好像游走在悬吊的钢丝上，力道不足无法引发听众的注意，用力过猛则会让听众感觉受到了羞辱和攻击，引其反感与排斥。从实际表达效果来看，作者利用很好的文字策略保持了平衡。第二段的文字是平和、现实与深情的，是一个长辈关怀小辈的口吻，显现了作者对听众所面临的现实困难的理解与同情。第一段如果让听众因为"点醒"有些茫然和错愕的话，这一段则缓和了听众的情绪，争取让他们与自己站在同一个立场上。第三段的文字再起波澜，鼓动年轻人不要苟且地"将梦建筑在这种比卖淫的女人还不如的事业上"，要像当兵杀敌一样勇敢面对困境，不要沉沦和妥协，而要勇敢地抗争。这段文字比第一段更凌厉、更有气势。第四段的文字则在讽刺中包含着

理性分析，深刻地指出青年学生们真正的敌人到底是谁。

综上所述，正是以适切性为旨归，这几段文字富有技巧、完整、深入、细腻地传达了作者的情意，很好地实现了作者的表达意图。整个文本有起伏、有明暗、有强弱、有深浅、有清新与晦暗、有锐利与温和……这些要靠文字的选择才能经营出来，要靠文字的安排才能配合得当。

再看一例。老舍的《草原》（节选）入选小学教材，文章开头写道：

自幼就见过"天苍苍，野茫茫，风吹草低见牛羊"这类的词句。这曾经发生过不太好的影响，使人怕到北边去。这次，我看到了草原。那里的天比别处的天更可爱，空气是那么清新，天空是那么明朗，使我总想高歌一曲，表示我的愉快。在天底下，一碧千里，而并不茫茫。四面都有小丘，平地是绿的，小丘也是绿的。羊群一会儿上了小丘，一会儿又下来，走在哪里都像给无边的绿毯绣上了白色的大花。那些小丘的线条是那么柔美，就像没骨画那样，只用绿色渲染，没有用笔勾勒，于是，到处翠色欲流，轻轻流入云际。这种境界，既使人惊叹，又叫人舒服，既愿久立四望，又想坐下低吟一首奇丽的小诗。在这境界里，连骏马与大牛都有时候静立不动，好像回味着草原的无限乐趣。

"这曾经发生过不太好的影响，使人怕到北边去"，这句话很奇怪，很突兀，无论在内容上还是在情绪上都无法和前言后语连贯起来。

"那里的天比别处的天更可爱，空气是那么清新，天空是那么明朗，使我总想高歌一曲，表示我的愉快"，那里的天如何比别处的天可爱？只是明朗吗？

"一碧千里，而并不茫茫"，这又想说明什么？

"平地是绿的，小丘也是绿的""羊群一会儿上了小丘，一会儿又下来"，用了排比句式，却显得很乏味。

"走在哪里都像给无边的绿毯绣上了白色的大花"这句话显示了作者的文字功夫，这个意象的画面感很强而且是动态的，画面也很美好。

"那些小丘的线条是那么柔美，……轻轻流入云际"，这句话写得好！把草原的景色比成一幅画，作者也确实通过文字勾勒出这幅画。"流"字用得好，"翠色欲流，轻轻流入云际"，悦耳、流畅，有歌咏的感觉。"流入云际"与"高高秋月照长城"神似，情感升华朝向高远和深邃。

"这种境界，既使人惊叹，又叫人舒服"，这句话似嫌多余，对具象、感性的情绪进行了抽象总结。如果意象创设得好，不用这句话读者也会有丰富的情感共鸣，甚至可能比"惊叹"和"舒服"复杂、深刻得多。

"既愿久立四望，又想坐下低吟一首奇丽的小诗"显示了草原的诗意，以及"物我两忘"的心境，只是这句话太直白，细腻不精致。

"在这境界里，连骏马与大牛都有时候静立不动，好像回味着草原的无限乐趣"，比较生硬的拟人，让人读了有些不知所措。

文章的中间写了好客的草原人民对作家代表团的热情接待。作者在文章的最后写道：

> 看那马群吧，既有短小精悍的蒙古马，也有高大的新种三河马。这种大马真体面，一看就令人想起"龙马精神"这类的话儿，并且想骑上它，驰骋万里。牛也改了种，有的重达千斤，乳房像小缸。牛肥香草乳如泉啊，并非浮夸。羊群里既有原来的大尾羊，也添了新种的短尾细毛羊，前者肉美，后者毛好。是的，人畜两旺，就是草原上的新气象之一。

> 引导学生关注：适切性不高的文字的具体表现及给人的心理感受是怎样的？其可能的原因是什么？

这样的文字抒情与写实勉强而生硬地交杂在一起，已经没有什么文学性。

该文创作于1961年10月13日，老舍跟着文艺工作者代表团去了内蒙古草原，表达中央对少数民族地区民族大团结的重视。在政治任务的要求下，即使是一个大作家也会写得很难看。这种难看在文字上的体现就是其适切性差——由于主旨的模糊与摇摆，文字显得无所适从，前后一致性和连贯性不够，文字的修辞（表达策略）也生硬勉强。

总之，对文字适切性的分析有助于学生赏析文本时形成"全局意识"，将文字与整体文本的主旨联系起来，关注文字之间的关系。从整体文本出发评价文字的技巧，这对培养学生的语感、提高其审美水平是很有价值的。

修　辞

　　文学的"文"最初通"纹"，含有装饰的意思，文学是"有意味的形式"，要让文字富有意味，更好地传情达意，就需要在形式上对文字进行修饰，这就是文学中的修辞。前面提到文学中的文字要准确生动，要适切，要达到这两个标准，修辞是一个重要的手段（但不是必须的也不是唯一的手段）。

　　陈望道在《修辞学发凡》中列举的辞格有三十八种之多，各辞格之中又有若干式，若把各式作一格算，则总共有六十七格。这些辞格被分为四类：材料上的辞格，譬喻、借代、映衬、摹

引导学生思考：修辞与前述"炼字炼句"的关系是什么？

状、双关、引用、仿拟、拈连、移就；意境上的辞格，比拟、讽喻、示现、呼告、夸张、倒反、婉转、避讳、设问、感叹；词语上的辞格，析字、藏词、飞白、镶嵌、复叠、节缩、省略、警策、折绕、转类、回文；章句上的辞格，反复、对偶、排比、层递、错综、顶真、倒装、跳脱等。需要指出的是，就像语文课程标准强调学习语法知识应当"随文学习"，对修辞的学习也要融合在对文本的欣赏和体悟中。所有的修辞都是为表情达意、创设意象服务的，从情意、意象的角度出发了解修辞的目标与具体作用更符合中小学语文教学的目的。下面我们分析宗璞的《紫藤萝瀑布》中使用的修辞。

　　从未见过开得这样盛的藤萝，只见一片辉煌的淡紫色，像一条瀑布，从空中垂下，（比喻，夸张）不见其发端，也不见其终极。（排比）只是深深浅浅的紫，仿佛在流动，在欢笑，在不停地生长。（排比、通感、拟人）紫色的大条幅上，泛着点点银光，就像迸溅的水花。（比喻）仔细看时，才知道那是每一朵紫花中的最浅淡的部分，在和阳光互相挑逗。（拟人）

这里春红已谢，（引用——"林花谢了春红"）没有赏花的人群，也没有蜂围蝶阵。（排比）有的就是这一树闪光的、盛开的藤萝。花朵儿一串挨着一串，一朵接着一朵，（对偶）彼此推着挤着，好不活泼热闹！（拟人，通感）

"我在开花！"它们在笑！"我在开花！"它们嚷嚷！（拟人，排比）

每一穗花都是上面的盛开、下面的待放。（对偶）颜色便上浅下深，好像那紫色沉淀下来了，沉淀在最嫩最小的花苞里。每一朵盛开的花就像是一个小小的张满了的帆，帆下带着尖底的舱，船舱鼓鼓的；又像一个忍俊不禁的笑容，就要绽开似的。（比喻，拟人）那里装的是什么仙露琼浆？（比喻）我凑上去，想摘一朵。

但是我没有摘。我没有摘花的习惯。我只是伫立凝望，觉得这一条紫藤萝瀑布不只在我眼前，也在我心上缓缓流过。（通感）流着流着，它带走了这些时一直压在我心上的焦虑和悲痛，那是关于生死的疑惑，关于疾病的痛楚。（对偶）我浸在这繁密的花朵的光辉中，别的一切暂时都不存在，有的只是精神的宁静和生的喜悦。

这里除了光彩，还有淡淡的芳香，香气似乎也是浅紫色的，梦幻一般轻轻地笼罩着我。（通感）忽然记起十多年前家门外也曾有过一大株紫藤萝，它依傍一株枯槐爬得很高，但花朵从来都稀落，东一穗西一串伶仃地挂在树梢，好像在察言观色，试探什么。（拟人）后来索性连那稀零的花串也没有了。园中别的紫藤花架也都拆掉，改种了果树。那时的说法是，花和生活腐化有什么必然关系。我曾遗憾地想：这里再也看不见藤萝花了。

过了这么多年，藤萝又开花了，而且开得这样盛，这样密，紫色的瀑布遮住了粗壮的盘虬卧龙般的枝干，不断地流着，流着，流向人的心底。（反复，拈连）

花和人都会遇到各种各样的不幸，但是生命的长河是无止境的。（比喻）我抚摸了一下那小小的紫色的花舱，那里满装生命的酒酿，它张满了帆，在这闪光的花的河流上航行。（比喻）它是万花中的一朵，也正是由每一个一朵，组成了万花灿烂的流动的瀑布。

在这浅紫色的光辉和浅紫色的芳香中，（通感）我不觉加快了脚步。

从这段文本我们可以看到作者使用了大量的修辞，可以想象，如果没有这些修辞，作者表达的情意在广度、厚度、细腻度上可能都会打折扣。针对每一种修辞，教师可以让学生思考，修辞起到了怎样的作用？是否必要？是否自然？这样的随文分析将句式与文章主旨，与其表情达意的效果紧密关联起来。修辞和句式只有在具体的字、词、句中才有意义，同样的修辞为了不同的目的、用在不同的地方就会有不同的效果，不可本末倒置，教条地指导学生学习修辞概念，或让学生将修辞与表达效果刻板地对应起来。

> 让学生在具体的文本分析中体会什么是修辞及其价值，避免抽象地讲解与记忆概念。

修辞是形式，永远为内容服务，并不是所有的内容都需要修辞。下面是中学课文老舍的《我的母亲》中的一段文字：

当我在小学毕了业的时候，亲友一致的愿意我去学手艺，好帮助母亲。我晓得我应当去找饭吃，以减轻母亲的勤劳困苦。可是，我也愿意升学。我偷偷的考入了师范学校——制服、饭食、书籍、宿处，都由学校供给。只有这样，我才敢对母亲说升学的话。入学，要交十圆的保证金。这是一笔巨款！母亲作了半个月的难，把这巨款筹到，而后含泪把我送出门去。她不辞劳苦，只要儿子有出息。当我由师范毕业，而被派为小学校校长，母亲与我都一夜不曾合眼。我只说了句："以后，您可以歇一歇了！"她的回答只有一串串的眼泪。我入学之后，三姐结了婚。母亲对儿女是都一样疼爱的，但是假若她也有点偏爱的话，她应当偏爱三姐，因为自父亲死后，家中一切的事情都是母亲和三姐共同撑持的。三姐是母亲的右手。但是母亲知道这右手必须割去，她不能为自己的便利而耽误了女儿的青春。当花轿来到我们的破门外的时候，母亲的手就和冰一样的凉，脸上没有血色——那是阴历四月，天气很暖。大家都怕她晕过去。可是，她挣扎着，咬着嘴唇，手扶着门框，看花轿徐徐的走去。不久，姑母死了。三姐已出嫁，哥哥不在家，我又住学校，家中只剩母亲自己。她还须自晓至晚的操作，可是终日没人和她说一句话。新年到了，正赶上政府倡用阳历，不许过旧年。除夕，我请了两小时的假。由拥挤不堪的街市回到清炉冷灶的家中。母亲笑了。及至听说我还须回校，她愣住了。半天，她才叹出一口气来。到我该走的时候，她递给我一些花生，"去吧，小子！"街上是那么热闹，我却什么也没看见，泪遮迷了我的眼。

这样的一段文字，用了什么修辞？有多少精妙之字？又有多少花样的句式？都没有，但却是那么感人！为何感人——因为淳朴、因为诚恳！就像朱自清的《背影》一样，用看似最普通的文字打动人，这才是最高明的写作技巧，是最好的修辞。再次强调，不能将对文学的艺术表现形式的学习窄化为对修辞的学习。对此徐复观有一段话切中要害：[①]

所以要学文学，只有从它的统一性上去学，亦即是从文体上去学，而不能只去学其一枝一节，一枝一节的东西，便是离开了它的生命整体的东西。还有更重要的一点，修辞学是一个技巧，有如女人脸上的化妆品，化妆品若能增加女人的美，只有在它与女人的生命力相融合的时候，离开女人的生命力，化妆品都是死物。……从修辞学入手，便是离开了人的因素而专从技巧上去学文，这便有如想仅从化妆品上去得到人形之美，那当然是白费的。

古人论文章有"意在笔先"的说法。白居易也说："诗有四炼，炼字、炼句、炼意、炼格。炼句不如炼字，炼字不如炼意，炼意不如炼格。"(《金针诗格》)炼字和炼句的根本目的还是为了"炼意"，是为了更好地表情达意，炼字和炼句以炼意为前提才具有价值。"字"是出墙红杏，"意"是满院春色。因此，有字无句或无篇，是不足取的。只有篇中炼句，句中炼字，切合题旨，适合情境，做到语意两工，这样炼出来的字才能真正精光四射。[②]

---

① 徐复观：《中国文学精神》，上海书店出版社 2006 年版，第 197 页。
② 齐海燕：《高中语文古诗词教学炼字问题初探》，首都师范大学硕士学位论文 2009 年，第 21 页。

另外，不同的体裁、内容、文本风格也对炼字炼句有不同的要求。古体诗和近体诗、诗歌与散文、戏剧与小说，它们对字句的使用和安排的要求是不一样的；抒情、记叙还是说理，写身边人身边事还是虚构人和事，不同的写作内容也会对用字、选词、炼句有不同的要求；文本风格是浪漫还是现实，冷峻还是温暖，华丽还是朴素等等，这些因素也都会影响遣词用句。因此，文字分析最终的落脚点还是要放在情感的抒发和意象的创造上，以此为基点衡量、分析、探究文本的字与句，欣赏与领悟炼字炼句带来的美感。

004 谋篇分析

一个建筑需要总体规划，一幅画需要整体构思，一个文本也需要谋篇设计。一个优秀的文学作品，无论是只有几行字的诗歌，还是数万言的小说，都是由若干要素、材料构成的生命体，如何妥帖安排这些材料需要花大功夫。作品的整体安排即最上位的构思——谋篇，显现了作者的综合艺术能力，对文本的谋篇进行分析是了解、欣赏文本艺术手法的重要内容。

老舍自述他如何创作《骆驼祥子》：[1]

记得是在一九三六年春天吧，"山大"的一位朋友跟我闲谈，随便的谈到他在北平时曾用过一个车夫。这个车夫自己买了车，又卖掉，如此三起三落，到末了还是受穷。听了这几句简单的叙述，我当时就说："这颇可以写一篇小说。"紧跟着，朋友又说："有一个车夫被军队抓了去，哪知道，转祸为福，他乘着军队移动之际，偷偷地牵回三匹骆驼回来。"

……

从春到夏，我心里老在盘算，怎样把那一点简单的故事扩大，成为一篇十多万字的小说。

---

[1] 张桂兴编：《老舍文艺论集》，山东大学出版社 1999 年版，第 286-290 页。

......

怎么写祥子呢？我先细想车夫有多少种，好给他一个确定的地位。把他的地位确定了，我便可以把其余的各种车夫顺手儿叙述出来；以他为主，以他们为宾，既有中心人物，又有他的社会环境，他就可以活起来了。换言之，我的眼一时一刻也不离开祥子；写别的人正可以烘托他。

车夫们而外，我又去想，祥子应该租赁哪一车主的车，和拉过什么样的人。这样，我便把他的车夫社会扩大了，而把比他的地位高的人也能介绍进来。可是，这些比他高的人物，也还是因祥子而存在故事里，我决定不许任何人夺去祥子的主角地位。

让学生明白了作家有关作品写作、修改的材料是谋篇分析的重要参考。

有了人，事情是不难想到的。人既以祥子为主，事情当然也以拉车为主。只要我教一切的人都和车发生关系，我便能把祥子拴住，像把小羊拴在草地上的柳树下那样。

可是，人与人，事与事，虽以车为联系，我还感觉着不易写出车夫的全部生活来。于是，我还再去想：刮风天，车夫怎样？下雨天，车夫怎样？假若我能把这些细琐的遭遇写出来，我的主角便必定能成为一个最真确的人，不但吃的苦，喝的苦，连一阵风一场雨，也给他的神经以无情的苦刑。

由这里，我又想到，一个车夫也应当和别人一样的有那些吃喝而外的问题。他也必定有志愿，有性欲，有家庭和儿女。对这些问题，他怎样解决呢？他是否能解决呢？这样一想，我所听来的简单的故事便马上变成了一个社会那么大。我所要观察的不仅是车夫的一点点的浮现在衣冠上的、表现在言语与姿态上的那些小事情了，而是要由车夫的内心状态观察到地狱究竟是什么样子。车夫的外表上的一切，都必有生活与生命上的根据。我必须找至这个根源，才能写出个劳苦社会。

由一九三六年春天到夏天，我入了迷似的去搜集材料，把祥子的生活与相貌变换过不知多少次——材料变了，人也就随着变。

这是一篇非常有价值的材料，详细记录了一个作家如何谋篇。正如清代李渔说："至于结构二字，则在引商刻羽之先，拈韵抽毫之始；如造物之赋形：当其精血初凝，胞胎未就，先为制定全形，使点血而具五官百骸之势。"——谋篇赋予一个作品生命和精气。老舍的创作自述说明谋篇有三个关键点：第一，主题与题材。主题是作者想要表达的核心情意，《骆驼祥子》的主题如老舍所说，他要通过写一个劳苦人的挣扎呈现一个劳苦的社会。要表现这样的主题，老舍选择了城市贫民题材作载体，这是老舍最熟悉、最擅长的写作题材。第二，素材与结构。素材是文本的血肉，包括人、事、景、境等。老舍在谋篇时将相当多的精力放在这些素材的选用和安排上，素材不但要充分，还要合理，形成清晰的逻辑结构。第三，技法与策略。有了目标、有了材料，还需要用一定的技法与策略整合这些材料，实现写作目标。

主题与题材是灵魂，素材与结构是骨架与血肉，技法与策略是妆饰，教师要引导学生从这三个要素入手，分析作者如何设计与安排这三个方面，最终塑造出鲜活、动人的文学形象。

主题与题材

语文教学中常见的"通过×××，揭示了×××"的"中心思想分析模式"就是典型的题材—主题分析，"通过×××"是题材分析，"揭示了×××"是主题分析。

主题是作家集中而强烈的核心创作意识，源自生活中的认知、启发或感动。主题是一个文本的灵魂，对于后续题材的选择、结构的安排、形象的塑造等都起着驱动和指导作用。高尔基说："主题是从作者的经验中产生、由生活暗示给他的一种思想，可是它蓄积在他的印象里还未形成，当它要求用形象来体现时，它会在作者心中唤起一种欲望——赋予它一个形式。"前述老舍在创作自述中说："从春到夏，我心里老在盘算，怎样把那一点简单的故事扩大，成为一篇十多万字的小

> 与主题和题材直接关联的问题：这个作品要表达什么核心思想？

说。"这正如高尔基所说，老舍内心最初有一个朦胧的主题（思想），这调动了他创作的欲望——他要想办法用某种形式来表现这个主题。

题材是对素材的选择、集中、提炼和生发而形成的具有类型特征的写作对象，诸如工业题材，农业题材、军事题材、知识分子题材、现实题材、历史题材等等。题材中的素材——包括人、事、景、境——因匹配和聚类而呈现类型化的特点，如在某个时代背景、社会环境下，在某个（些）特定的人身上发生的富有典型意义的事。在叙事作品中，人物、事件、环境等组成了它的题材；在抒情作品中，往往摄取最富有特征性的生活场面和景物，表现作者的典型情绪或感受。[①]

主题与题材的关系非常密切，主题是文本的核心思想，题材则是能表现主题的"一套"相互关联的素材。在相当多的情况下，二者是一个事物的两个方面，有时很难完全分清楚，例如，"爱情""复仇""归乡"，可以是文本的主题，也可以是文本的题材。

对作品的主题和题材分析要关注以下几个方面。

• 了解作者

作者任何的情意表达都是有背景、有原因的，理解文本的主题和题材就要"知人论世"，即了解作者，了解作者的遭遇，了解作品的社会背景。

对于中学课文《我的叔叔于勒》，教参指出文章的主题：资本主义社会中异化的人和人的关系，小人物生活的辛酸。前一个太政治化，后一个表面化，不够深刻。莫泊桑到底想通过这篇文章表达什么主题呢？就像前述孙绍振将张爱玲对白玉兰消极的描写归结为"整个人的不同"，《我的叔叔于勒》的主题也与莫泊桑这个人有密切关系。莫泊桑是一个悲观主义者和虚无主义者，这对他的创作有重要影响，要理解这一点，必须关注他的人生经历。

少年经历。莫泊桑的父亲吃喝嫖赌败光了自己的产业，又打主意变卖

---

① 郑乃臧等主编:《文学理论词典》，光明日报出版社 1989 年版，第 19-20 页。

莫泊桑母亲的产业，其父母经常处于战争中，莫泊桑 10 岁时父母协议分居。莫泊桑 13 岁时被母亲送到了教会学校，而他极为反感和排斥教会的教育，五年后被逐出校门。莫泊桑一生没有任何宗教信仰，生活糜烂、玩世不恭，就连临死时都没有请神父安慰他的灵魂。

社会经历。莫泊桑亲身经历了 1870 年的普法战争、第二帝国的覆灭、国防政府的成立及巴黎公社革命等重大事件。普法战争打响时他欣然入伍，然而战争的结果却给他深深一击——国防政府解除巴黎的工人武装，镇压人民，并签订了割地赔款的和约。他对自己的理想、对社会、对统治阶级丧失了信心，从此对国家大事便抱着一种相当冷漠的态度。

> 教师要充分搜集高质量的有关作者的材料，这对分析文本的主题至关重要。

哲学观。莫泊桑从前辈哲学家和同时代作家的思想中汲取了悲观主义的营养。莫泊桑接受叔本华的观点，认为"人不过是一种野兽，仅仅比其他野兽高级一点而已"。被无限欲望驱使的人类永远不会有安宁。人生活在一个空虚的、痛苦的、失去意义的世界里，人生像钟摆一样摆动在痛苦和无奈中。

身体原因。1880 年，莫泊桑的成名作《羊脂球》问世前不久，他突然感到右眼看不到了，虽多方求医仍无济于事。左、右眼交替疼痛并伴有偏头痛，这使他苦不堪言，一度中断写作。1883 年，一种使他精神受到极度刺激的病症——幻觉开始出现，他整天处于恍惚的恐惧中。1886 年，他病情加重，不得不到处疗养。1889 年，他的弟弟死于精神病院，这给他以致命的打击。1892 年，他的精神防线彻底崩溃，病魔的折磨使他曾三次试图自杀，他对生活充满绝望。[①]

导师。福楼拜既是莫泊桑的导师，又像其父亲，他对莫泊桑有着极大的影响。福楼拜同样是一个悲观主义和虚无主义者，他不相信人类爬虫般低

---

① 佐斌:《莫泊桑悲观主义思想形成的根源、过程及其对莫泊桑创作的影响》,《考试周刊》2008 年
　第 25 期，第 197-198 页。

下的本能中蕴藏着什么纯洁的、非物质的东西，尤其是当周围的环境污浊不堪的时候。他在1848年给友人的一封信中说："世人不可能更伧俗，也不可能更无能了。至于更蠢些，还有可能！"各种社会危机将福楼拜原本模糊的悲观主义变得确切，1870年第三共和国成立，福楼拜在次年给友人的信中不无痛恨地写道："法兰西是如此的腐朽不堪一击、如此的龌龊和让人轻贱，我希望她永远消失！"另一封信中，他说自己厌烦透了"粗鄙的工人，无能的资产阶级，愚蠢的农民和可憎的教士"。福楼拜把人类社会的"恶"归咎于人性固有的愚蠢，这使人变得无依无靠又卑贱。福楼拜最终由悲观走向绝望和虚无主义，他在1877年的一封信中说："我越是努力前行越是确信，世上的一切，尤其是我的人生都已毫无意义。"他在同年另一封信中写道："我的生活像是一张无尽的白纸等着被涂满字，我对它已经无所期待。我觉得自己正在蹚涉一片无边的寂寞，却不知道要去向哪里。"①

上述诸多因素使莫泊桑成为一个悲观和虚无主义者，这样的人更容易体察和关注人性的弱点，也更容易因为这些弱点而悲观失望。中国民间流传着这样的顺口溜："穷在闹市无人问，富在深山有远亲，不信但看宴中酒，杯杯先敬富贵人。世上结交需黄金，黄金不多交不深，有钱有酒多兄弟，急难何曾见一人。"这个顺口溜反映的就是让莫泊桑这样的悲观主义者感到失望的某种人性，《我的叔叔于勒》正是因为表现了这种人性而具有恒久的艺术魅力。这种人性不因为受到批评就会改变，也不会因为社会形态发生变化就会消失。这印证了悲观主义者的观点——"人不过是一种野兽，仅仅比其他野兽高级一点而已"，"被无限欲望驱使的人类永远不会有安宁"！因此，只有了解莫泊桑是一个什么样的人，我们才能感悟其作品在对人性调侃时释放的悲观气息，才能真正理解《项链》中的带有宗教意味的无常，②以及《我的叔叔于勒》中对人性的失望。

---

① 李嘉懿等：《个人与时代的悲剧——简评福楼拜的悲观与虚无》，《山花》2015年第10期，第124-125页。

② 参见赵希斌：《正本清源教语文：文本的内容分析策略》，华东师范大学出版社2014年版，第204-216页。

- 关注作者的自述

前面"情感分析"中有一段巴金写在《随想录》中的自白，这自然应当成为理解课文《小狗包弟》（选自《随想录》）主题的重要参考。巴金说："我从不放过在作品以外说话的机会，我反复说明，一再提醒读者我的用意在什么地方。"[1] 巴金给自己的作品写序、小引、前言、后记、附记、跋以及创作回忆录。他在《随想录》写作过程中同样保留了这一习惯。1986 年 8 月 20 日巴金完成《随想录》第 150 篇《怀念胡风》，至此《随想录》全书结稿。但有意味的是早在 20 多天前的 7 月 29 日，巴金就写下《随想录》第五辑《五题集》的"后记"。巴金当时已 82 岁，这么做很有可能是他一定要把自己的写作意图尽快说完。[2] 这从一个侧面说明关注作者的各种自述，从中发现有价值的素材，对解读作品的主题是非常必要的。

墨西哥著名作家卡洛斯·富恩特斯对诺贝尔获奖作品《百年孤独》大为赞赏，他认为"马贡多变成了一块世界性的土地，变成了一个缔造者以及他们的兴衰的圣经般的故事，变成了一部有关人类保存或毁坏自己的渊源、梦想和愿望的历史"。这是对《百年孤独》主题的主流解读。在一次访谈中，《百年孤独》的作者马尔克斯被问到"布恩地亚家族的孤独感源出何处？"他回答："我个人认为，是因为他们不懂得爱情。……布恩地亚整个家族都不懂爱情，不通人道，这就是他们孤独和受挫的秘密。"[3] 这是作者自己对于《百年孤独》主题的解读，与主流解读完全不同。不同的读者对文本主题有不同的解读是正常的，显现了作品对不同的人生发不同的意义。同时我们也应意识到，不了解马尔克斯本人对作品主题的解读是遗憾的，这是作者创作的初衷，这应当成为解读作品主题的参考。普利尼奥·阿普莱

> 作者关于作品的自述是分析文本主题极为重要的参考。教师要关注作者的访谈、前言、后记、创作谈、理论文章等。

---

① 巴金：《灌输和宣传（探索之五）》，见《随想录》，三联书店 1987 年版，第 253 页。

② 胡景敏：《巴金的自我叙述与〈随想录〉的经典化》，《中国比较文学》2006 年第 2 期，第 63-64 页。

③〔哥伦比亚〕马尔克斯：《百年孤独》，浙江文艺出版社，1991 年 12 月第 1 版，第 341 页

约·门多萨和马尔克斯有一段对话：[1]

门：许多评论家说，你这部作品是对人类历史的一种隐喻或讽喻。

马：不是这么回事，我只是想艺术地再现我童年时代的世界。

门：评论家总会在你的作品里找到更加复杂的创作意图。

马：要说有什么更加复杂的创作意图的话，那也是不自觉的。不过话说回来，也会发生这样的情况，那就是：评论家和小说家完全相反，他们在小说家的作品里找到的不是他们能够找到的东西，而是乐意找到的东西。

他们总是俨然摆出一副主教大人的臭架子，居然不怕冒大放厥词的危险。……我举个例子。我记得，有一位评论家看到书中描写的人物加布列尔带着一套拉伯雷全集前往巴黎这样一个情节，就认为这部作品中人物穷奢极侈的原因都可以得到解释，原来都是受了拉伯雷文学影响所致。其实，我提出拉伯雷的名字，只是扔了一块香蕉皮，后来，不少评论家果然都踩上了。

由这个访谈可以看到，了解作者的心声对于理解作品主题、消除误读作品多么重要。再看巴尔扎克为《人间喜剧》所写的前言：

读一读所谓历史，也就是读读那一大堆枯燥讨厌的史实罗列，谁能不发现：古往今来（埃及、波斯、希腊、罗马，概莫能外）的作家，统统忘记了将风俗史传诸后世！……因为到现在为止，极负盛名的小说家，也不过是用他们的才艺去塑造一、两个典型人物，描写生活的一个侧面。

从这段话可以看出，巴尔扎克写《人间喜剧》不只是为了塑造几个典型形象——这是被他批评的——他要写的是风俗史。我们从他对瓦尔特·司各特的作品的评论看他要写怎样的风俗史：

瓦尔特·司各特就将小说提高到了历史哲学的水平。……但是，他没有构想出一套体系，……他没有想到要将他的全部作品联系起来，构成一部包罗万象的历史。……而我在察觉到这个衔接不紧的缺陷时，同时也就发现了

---

①［哥伦比亚］马尔克斯：《百年孤独》，浙江文艺出版社 1991 年版，第 338-339 页。

有助于编撰我的作品的体系，以及实施这套体系的可能性。……

法国社会将成为历史家，我只应该充当它的秘书。编制恶习与美德的清单，搜集激情的主要表现，刻画性格，选取社会上的重要事件，就若干同质的性格特征博采约取，从中糅合出一些典型；做到了这些，笔者或许就能够写出一部许多历史家所忽略了的那种历史，也就是风俗史。我将不厌其烦，不畏其难，来努力完成这套关于十九世纪法国的著作。

结合这段话，我们可以理解巴尔扎克写《人间喜剧》实际上是在充当法国社会这个历史家的秘书——编制恶习与美德的清单，搜集人们有典型意义的表现，选取社会上的重要事件——刻画十九世纪法国的风俗史。《葛朗台》选自《人间喜剧》，是中学语文教学重点篇目，要了解这篇文章的主题，了解作者的写作初衷显然非常重要。我们在分析文章主题及人物形象时，必须将其置于十九世纪法国的背景之中，以历史的视角看待小说中的人物形象及故事情节。

- 关注原文

在我们的语文课本中，有许多文章是被删节的，有些删节很有可能违背了作者的创作初衷，扭曲了文本的主题。以人教版七年级上册的课文《行道树》为例，作品入选教材时在首尾做了较大篇幅的删节。开篇被删节的部分：

每天，每天，我都看见它们，它们是已经生了根的——在一片不适于生根的土地上。有一天，一个炎热而忧郁的下午，我沿着人行道走着，在穿梭的人群中，听自己寂寞的足音，我又看到它们，忽然，我发现，在树的世界里，也有那样完整的语言。我安静地站住，试着去了解它们所说的一则故事：

文末被删节部分：

落雨的时分也许是我们最快乐的，雨水为我们带来故人的消息，在想象中又将我们带回那无忧的故乡。我们就在雨里哭泣着，我们一直深爱着那里的生活——虽然我们放弃了它。

对于删节后被选入课本的文章，一定要找到原文，从而更精准地分析作品的主题。

故事说完了，四下寂然，一则既没有情节也没有穿插的故事，可是，我听到它们深深的叹息。我知道，那故事至少感动了它们自己，然后，我又听到了另一声更深的叹息——我知道，那是我自己的。

课文以"我们是一列树，立在城市的飞尘里"开始，文章成为行道树的自述，而原文开头显示，整篇文章是作者在讲述（转述）行道树的故事。结合被删掉的原文最后一句"我又听到了另一声更深的叹息——我知道，那是我自己的"，说明作者之所以讲这个故事，是因为行道树的遭遇感动了作者，引发了作者的情感共鸣。我们可以合理地推测：作者与行道树很可能有相似的境遇，整个作品是在"借物抒情"，这成为我们理解作品写作主题的重要线索。

教参提示文章的主题是"行道树的形象就是无私奉献者的形象。作者借行道树的自白，抒写奉献者的襟怀，赞美奉献者的崇高精神"。可是从删节的部分，我们却看到了行道树的无奈、痛苦、忧郁、叹息、不甘心；我们也看到作者为自己发出的"更深的叹息"。为什么？是因为被命运压迫而产生的无力感？是因为要在责任与梦想之间进行艰难的选择？还是因为在舒适生活和刻苦拼搏间的摇摆？这些段落被删掉，文本的意味变得单一苍白，文本由普通人视角变为英雄视角，这在很大程度上违背了作者的初衷。

再以《我的叔叔于勒》为例，选文有两处重要的删节。

第一，删掉了原文的开头：

一个白胡子穷老头儿向我们乞求施舍。我的同伴约瑟夫·达弗朗舍竟给了他一个五法郎的银币。我觉得有点惊奇。他于是对我说：这个可怜的人使我想起一段往事，这段往事我一直念念不能忘怀。下面我就来讲给您听。

这个开头表明小说的情节是作者转述的，作者并不是小说中于勒的侄子，原文是第三人称视角，删减后成为第一人称视角。第三人称视角对于小说的主题表现是有意义的，这加强了情节描述和情感抒发的客观性，更能表现作者对人性弱点的体察与嘲讽。

第二，删掉了"我家"拮据的生活图景：

我的母亲对我们的拮据生活感到非常痛苦，她常常找出一些尖酸刻薄的话，一些含蓄、恶毒的责备话发泄在我的父亲身上。这个可怜人这时候总做出一个手势，叫我看了心里十分难过。他总是张开了手摸一下额头，好像要抹去根本不存在的汗珠，并且总是一句话也不回答。我体会到他那种无可奈何的痛苦……我们日常吃的是肉汤和用各种方式做的牛肉。据说这又卫生又富于营养，不过我还是喜欢吃别的东西。我要是丢了钮子或是撕破了裤子，那就要狠狠地挨一顿骂。

可是每星期日我们都要衣冠整齐地到防波堤上去散步。我的父亲穿着礼服，戴着礼帽，套着手套，让我母亲挽着胳膊；我的母亲打扮得五颜六色，好像节日悬万国旗的海船。姐姐们总是最先打扮整齐，等待着出发的命令；可是到了最后一刻，总会在一家之主的礼服上发现一块忘记擦掉的污迹，于是赶快用旧布蘸了汽油来把它擦掉。于是我的父亲头上依旧顶着大礼帽，只穿着背心，露着两只衬衫袖管，等着这道手续做完；在这时候，我的母亲架上她的近视眼镜，脱下了手套，免得弄脏它，忙得个不亦乐乎。

这个被删掉的部分表明主人公的家庭经济不宽裕，他们很想从于勒那里发财，后来看到于勒又老又穷时才会气急败坏。更重要的，被删掉的文字深刻地表现了这个家庭的所有成员所面临的困窘，家中每一个人都承受了巨大的压力。这个事实很重要，这使得作品中的父母——尤其是母亲——嫌贫爱富有了合理的背景。在这样的背景下批判主人公虚荣、贪财过于简单和肤浅，这个家庭是千千万万家庭的代表，他们面临的困境是社会压力与人性中固有的东西相互作用而共同造成的。[1]这样的描述让我们放弃对具体个体的批判，转而关注更深刻的人性的弱点，进而还会对主人公产生同情，同情他们也是同情我们自己，因为我们每个人都可能陷入与主人公同样的窘境。作者在这两段话中使用了幽默与调侃的语气，这源于他对人性弱点深刻的洞察，而且他为这种人性弱点的不可改变而失望。由此可见，被删节的部分对于我们准确理解文本的主题是非常重要的。教师在教学过程中，不仅要关注作者对作品的诠释，还要关注选文与原文的差异，这样才能更好地解读文本的主题。

- 作者在文本中嵌入的主题

在《红楼梦》第一回里，有两段"石头"与"空空道人"的对话，而这实际上是作者借此对话澄清文本的主题。

（空空道人看了石头上的文字之后）遂向石头说道："石兄，你这一段故事，据你自己说有些趣味，故编写在此，意欲问世传奇。据我看来，第一件，无朝代年纪可考；第二件，并无大贤大忠理朝廷治风俗的善政，其中只不过几个异样的女子，或情或痴，或小才微善，亦无班姑、蔡女之德能，我纵抄去，恐世人不爱看呢。"

石头果然答道："我师何必太痴！我想历来野史的朝代，无非假借汉、唐的名色；莫如我这石头所记不借此套，只按自己的事体情理，反倒新鲜别致。况且那野史中，或讪谤君相，或贬人妻女，奸淫凶恶，不可胜数；更有一种风月笔墨，其淫秽污臭最易坏人子弟。至于才子佳人等书，则又开口'文君'，满篇'子建'，千部一腔，千人一面，且终不能不涉淫滥。在作者不过要写出自己的两首情诗艳赋来，故假捏出男女二人名姓；又必旁添一小人拨乱其间，如戏中的小丑一般。更可厌者，'之乎者也'，非理即文，大不近情，自相矛盾。竟不如我这半世亲见亲闻的几个女子，虽不敢说强似前代

---

[1] 关于"虚荣"的分析参见赵希斌：《正本清源教语文：文本的内容分析策略》，华东师范大学2014年版，第207-208页。

书中所有之人，但观其事迹原委，亦可消愁破闷；至于几首歪诗，也可以喷饭供酒。其间离合悲欢，兴衰际遇，俱是按迹循踪，不敢稍加穿凿，至失其真。只愿世人当那醉余睡醒之时，或避事消愁之际，把此一玩，不但是洗旧翻新，却也省了些寿命筋力，不更去谋虚逐妄了。"

空空道人提出的两点疑问，实际上是曹雪芹借道人之口表明他所预料的世人对《红楼梦》的责难；而石头的回答，是作者借石头之口表明他对各种野史、风月笔墨的批判。这对话还表明了作者的创作志向，要摆脱俗套的满足猎奇刺激的滥淫，要写真人、写真感情、写真感动。《红楼梦》第五十四回，贾母有一段与说书先生的对话，作者同样借这段对话表明了自己的心志。

贾母便问："近来可又添些什么新书？"……女先儿回说："这叫做《凤求鸾》。"……女先儿又说道："那年王老爷打发了王公子上京赶考，那日遇了大雨，到了一个庄子上避雨。谁知这庄上也有位乡绅，姓李，与王老爷是世交，便留下这公子住在书房里。这李乡绅膝下无儿，只有一位千金小姐。这小姐芳名叫做雏鸾，琴棋书画，无所不通。"贾母忙道："怪道叫做《凤求鸾》。不用说了，我已经猜着了：自然是王公子要求这雏鸾小姐为妻了。"……贾母笑道："这些书就是一套子，左不过是些佳人才子，最没趣儿。把人家女儿说的这么坏，还说是'佳人'！编的连影儿也没有了。开口都是乡绅门第，父亲不是尚书，就是宰相。一个小姐，必是爱如珍宝。这小姐必是通文知礼，无所不晓，竟是'绝代佳人'，只见了一个清俊男人，不管是亲是友，想起他的终身大事来，父母也忘了，书也忘了，鬼不成鬼，贼不成贼，哪一点儿像个佳人？就是满腹文章，做出这样事来，也算不得是佳人了。比如一个男人家，满腹的文章，去做贼，难道那王法看他是个才子就不入贼情一案了不成？可知那编书的是自己堵自己的嘴。"

> 作者在作品中会嵌入他的观点，这是理解文本主题有趣而又重要的内容。

作者借贾母的评论，批评了小说、评书所刻画的才子佳人的虚假性。作者出身贵族，他想让大家认识到真正有品行的大家闺秀和名门世子是什么样子的。这段话也在提醒读者，《红楼梦》对爱情的描写是严肃、庄重的。作者多么珍爱他小说中的那些如水般清灵的女儿们，他万万不肯让她们落入才子佳人的俗套中，丢了身份、失了清白。由此我们能够更加理解《红楼梦》的爱情主题——歌颂纯洁的爱情，为破灭的爱情悼挽，为没有获得爱情的儿女们叹息。

● 关注文学母题

诺贝尔文学奖获得者加缪称赞福克纳是"世界上最伟大的作家"，"是我们时代唯一真正的悲剧作家。……他提供给我们一个古老的但永远是新鲜的主题：盲人在他的命运与他的责任之间跌跌撞撞地朝前走，这也是世界上唯一的悲剧主题"。如前所述，优秀的文学

> 很多文本的主题都可以回溯到文学母题上，这使得主题分析更深刻。

作品往往表达了超越万人万世的深刻情感，而这往往以永恒的、深刻的、基因性的主题——即加缪所说的古老但永远新鲜的主题——为载体，这样的主题被称为母题。

"母题"是一个外来词，英文为 motif。胡适在我国较早使用了"母题"概念，他在民间歌谣研究中这样说道：①

研究歌谣，有一个很有趣的法子，就是"比较的研究法"。有许多歌谣是大同小异的，大同的地方是它们的本质，在文学的术语上叫做"母题"，小异的地方是随时随地添上枝叶细节。往往有一个"母题"，从北方直传到南方，从江苏直传到四川，随地加上许多"本地风光"；变到末了，几乎句句变了，字字变了，然而我们试把这些歌谣比较着看，剥去枝叶，仍旧可以看出它们原来同出于一个"母题"。

---

① 转引自王立：《宗教民俗与中国古代小说若干母题的文化省察》，上海师范大学 2000 年博士论文。

以现代小说中的"还乡"母题为例。[①] 鲁迅的《故乡》、王以仁的《还乡》、孙俍工的《归家》、芦焚的《果园城记》、巴金的《憩园》、柳青的《喜事》，这几部作品分别出自不同时代、不同作家之手，人物、情节、环境是不同的，是一个"变量"，但"还乡"却是共同的。鲁迅的《故乡》、芦焚的《果园城记》和巴金的《憩园》在"还乡"的实施和失效的叙述逻辑进行的过程中，将"启悟"的母题组合进来；孙俍工的《归家》在"还乡"的延宕的叙述逻辑中，交织进"寻找"的母题；王以仁的《还乡》则将"还乡"的实施和实现，结合进"悼挽"母题。

母题是具体经验被结构化、模式化、类型化的结果，每个文本中看似独特的主题很有可能类属于某个母题。语文教学中将某些主题"回归"到某个母题，这会使主题分析更加深刻。每个民族的文学在发展过程中总会孕育出一些母题，这些母题既显示文化特色，又有着超时空的特点。中国古代小说中就有"高僧与美女""因果报应""下凡历劫""悟道成仙""成仙考验""济世降妖""承桃继产"等母题。[②] 中国神话传说则有"起源与创生""神灵与鬼怪""灾难、斗争与英雄""自然与社会秩序""发明创造"等母题。[③] 荣格说："任何一个重要的观念或见解都有其历史上的先驱"，"所有的观念最终都是建立在原始模式之上的"，"我们无论从哪方面来考察这个问题，都会同语言的历史相遇，同原始世界的形象和主题相遇。"这就解释了为什么古今中外的文学作品，总是喜欢表现人类共同的、永恒的创作主题。[④] 荣格从心理学的角度揭示出"伟大艺术的奥秘"正在于"通过分享无意识的、富饶的资源来使自己重新获得活力"。[⑤]

> 引导学生思考：母题与前面提到的"基底情感"有何关联，对情感表达的深刻性有怎样的影响？

---

① 何平：《现代小说还乡母题研究》，复旦大学出版社 2012 年版，第 4-22 页。

② 吴光正：《中国古代小说的原型与母题》，社会科学文献出版社 2002 年版。

③ 转引自王宪昭：《中国民族神话母题研究》，民族出版社 2006 年版，第 78 页。

④ 杨胜宽：《用典：文学创作的一场革命》，《复旦学报（社科版）》1994 年第 6 期，第 105 页。

⑤ [美] 霍尔：《荣格心理学纲要》，黄河文艺出版社 1987 年版，第 9 页。

与母题对应的是类型化题材，如边塞诗、爱情诗、山水田园诗是中国古诗的三种主要题材。[①]作家的写作内容好像千变万化，但这种千变万化的背后往往有一个原型，这个原型就是一种取材模式。例如，20世纪90年代初风靡全中国的电视连续剧《渴望》与传统剧目《赵氏孤儿》有着相同的故事模式：[②]

《赵氏孤儿》的故事模式：赵家蒙难——孤儿遗失在外——程婴为了保护孤儿牺牲亲生儿子——程婴含辛茹苦，遭受世人遗弃——孤儿长大，赵家昭雪——程婴含笑而死。

《渴望》的故事模式：王家蒙难——小芳遗失在外——慧芳为抚养小芳不得不放弃儿子冬冬——慧芳含辛茹苦，遭到王家遗弃——小芳长大，王家团圆——慧芳却瘫痪在床。

> 与母题对应的是类型化题材，通过文本比较，引导学生关注和分析这种写作模式。

显然，《渴望》与《赵氏孤儿》有着共同的母题——信而见疑、忠而被谤情况下的忍辱负重，二者的题材在本质上也有相同之处，换句话说，《渴望》的题材以《赵氏孤儿》的叙事模式为原型，前者正是忠臣义仆原型的现代版本。

再举一例，"梦"是文学作品的重要题材。周汝昌指出，要想理解《红楼梦》中的"梦"，恐怕不能忘掉唐人传奇小说《枕中记》和《南柯太守传》，以及从这里演变而来的明人汤显祖的《邯郸记》和《南柯记》，而在他著名的"临川四梦"[③]之中，《牡丹亭》这一本曲剧亦其一"梦"。曹雪芹取"红楼梦"这个套曲题目，显然和"四梦"有较为直接的渊源关系。[④]

题材有不同的类型，包括人、事、景（物）、境等各个方面。例如，植

---

① 郑家治：《古代诗歌史论》，巴蜀书社2003年版。

② 陈思和：《中国现当代文学名篇十五讲（第2版）》，北京大学出版社2013年版，第12-13页。

③ 临川四梦，又称玉茗堂四梦，是明代汤显祖的《牡丹亭》《紫钗记》《邯郸记》《南柯记》四剧的合称。

④ 周汝昌：《周汝昌点评红楼梦》，团结出版社2004年版，第8页。

物是中国文学中极为重要的题材，依其出现之先后，下列植物频繁地出现在文学文本中：松柏、杨柳、兰、桑、竹、桃、荷、菊、槐、梧桐、梅、桂、草、萍、蘋、蒲、芦苇、杏、杜鹃、牡丹、芍药、石榴、海棠、水仙、茶等。单看其中的"芦苇"题材，将"芦""苇""葭"三种表达名称加在一起，《全唐诗》中含有芦苇意象的单句就有 642 句，位列第三，《全宋词》中有 291 句，位列第一。"芦苇"这个题材所涉及的情感意蕴主要包括时光流逝之感、漂泊客旅之愁、离情别绪之思等三个方面。[①]芦苇之所以能成为类型化的题材，是因为它是一个具有粘性、能将多种元素关联起来的综合体。其中包含了芦苇的客观形象、芦苇生长的背景、看芦苇的人以及由芦苇所激发的情绪情感（借景抒情）。

总之，母题是人类经历的重大事件、重要时刻的浓缩与精华，也是作者、读者共同面对的生命中的重大课题。母题有古老的渊源，是历史的回响，心灵中不灭的吟唱，因其历史脉络而深沉，因其贯穿于不同的时空、种族而宽广。进行主题分析时要有意识地切近母题，揭示文本的深层意义，让学生从中获得最深切的感悟。

素材与结构

老舍在谈自己初期的创作时说：[②]

在人物与事实上我想起什么就写什么，简直没有个中心；这是初买来摄影机的办法，到处照像，热闹就好，谁管它歪七扭八，哪叫作取光选景！浮在记忆上的那些有色彩的人与事都随手取来，没等把它们安置好，又去另拉一批，人挤着人，事挨着事，全喘不过气来。

朱光潜指出，在作文运思时，最重要而且最艰苦的工作不在搜寻材料，

---

① 李倩：《中国古代文学芦苇意象和题材研究》，南京师范大学硕士学位论文 2013 年，第 3，60-68 页。

② 胡洁青编：《老舍论创作》，上海文艺出版社 1980 年版，第 4-5 页。

而在有了材料之后，将它们加以选择与安排，这就等于说，给它们一个完整有生命的形式。材料只是生糙的钢铁，选择与安排才显出艺术的锤炼刻画。[①] 文学作品的素材必须经过选择、加工、整合，从谋篇的角度来看，每一个素材都要为文学形象的塑造产生积极的作用，这就要求素材之间要匹配得好，形成一个好的结构。

下面是课文《垓下悲歌》的主要素材：[②]

项王发现四面楚歌，夜里起来，在帐中喝酒。

悲愤激昂地唱歌、吟诗："力拔山兮气盖世，时不利兮骓不逝。骓不逝兮可奈何，虞兮虞兮奈若何！"为自己的悲运叹息，为他的骏马无奈，为不知如何安排虞惋叹！

反复歌咏，美人虞在旁附和。项王流下眼泪，周围的人也都在哭泣。

骑马突围，800壮士跟随，汉军五千官兵追杀。

渡过淮河，部下只剩百余人。

迷路问道，却被农夫欺骗进入沼泽。

往东至东城，只剩下28个部下。

自认已无生机，跟部下回顾了自己8年来所向披靡、未有败绩的征战经历，决心战死沙场，抱着必死的决心（为部下）痛痛快快打一仗。让世人看到不是项王不能战，是"天之亡我"。

制定周密的战术以突围。以一战多，斩将杀兵，英勇无比。

> 将文本中的素材抽取出来，对这些素材的选择及其匹配进行分析——这些素材对于文学形象的塑造起到了怎样的作用？

赤泉候追项王，项王"嗔目而叱之"，赤泉侯竟人马俱惊，倒退数里。

突围后再次被围，再战又斩一都尉，杀数十百人，只伤亡两人。与部下会合后问部下"怎么样？"，部下皆叹服"就和您说得一样！"

来到乌江边，乌江亭长建议他速渡江到江

---

① 朱光潜：《朱光潜全集（第四卷）》，第207页。
② 《高中语文（必修五）》，北京师范大学出版社2010年版，第7-10页。

东。项王大笑并且拒绝渡江。一方面他认为这是"天之亡我",另一方面自觉无颜见江东父老。

不忍杀掉自己的坐骑,送给亭长。

与部下下马步行,与敌人短兵相接,又杀敌数百人。

遭遇背楚投汉的旧识吕马童,吕马童不敢看项王。项王说:"我的人头很值钱,今天给了你们,也算做了件好事。"话毕自刎而死。

汉军为了争项王尸首领赏自相残杀,死了几十人。最后王翳得到了项王的头,杨喜、吕马童、吕胜、杨武各得项王尸体一部分,这五人均得到重赏。

作者选择、使用的素材包括项王的心情、行动、言语,还有事件发生时的情境,将这些素材整合在一起,非常清晰、完美地塑造了项王的形象,写出了项王的精、气、神。这不仅源于素材的丰满与细腻,还要归功于素材的协调性高、匹配得好。写作时的素材就像盖楼要用的砖瓦,不仅要数量充足、质量好,更重要的,还要有良好的结构设计,让这些材料能够很好地搭配在一起。文学作品中的结构也叫"布局",是文学作品的组织方式和内部构造。为了更好地突出主题、塑造艺术形象,作家必须考虑如何处理人物之间的关系,怎样安排情节和场面,何处必须浓墨重彩,何处只要简笔勾勒,哪里该张、哪里该弛,如何制造悬念、波澜起伏,开头与结尾怎样呼应,等等。茅盾说:"结构指全篇的架子。既然是架子,总得前、后、上、下都是匀称的,平衡的,而且是有机的。"他认为"匀称指架子的局部美和整体美","平衡指架子的各部分各有其独立性而不相妨碍"。① 有机性指整个架子中的任何部分,不论大小,都是不可缺少的。少了任何一个,便损伤了整体美。总的说来,素材的选择与搭配服从主题思想的表现,服从人物形象塑造的需要,切合不同文体的特点。

文本结构由素材搭建而成,选择哪些素材、素材如何关联则由逻辑驱动——文本的结构形式取决于作者的逻辑思考。换言之,结构是硬件,逻辑

---

① 转引自郑乃臧等主编:《文学理论词典》,光明日报出版社1989年版,第26页。

是软件。北师大版九年级教材的编者写道："意外的事，往往是偶然的，偶然太多了，就可能影响可信度。有了因果性，就把情节中的人物、时间、细节统一起来成为一个整体。在这个整体里，不但主要情节是统一在因果关系中的，而且连一些重要的细节也都是相互处于紧密的联系之中，不能让任何一个局部孤立或游离。"这段话强调了文本素材之间要有清晰、合理的因果关系，这种因果关系的背后就是逻辑。正如契诃夫所说，如果你在（戏剧的）第一幕把枪挂在墙上，你在第三幕或者第四幕就得把它放出去。如果挂了枪而忘记放枪，或者没有挂枪而突然放枪，文本的结构就不是一个有机体，艺术上就有疏漏。这疏漏指的就是素材在逻辑上的失调，这无疑会损害作品的艺术价值。

> 素材的组合形成一定的结构。引导学生关注：评价文本结构最基本的标准是素材之间的逻辑是否合理。

我们看一个素材安排逻辑失调的例子。《红楼梦》第八十二回，林黛玉与贾宝玉议论八股文：

> 黛玉道："我们女孩儿家虽然不要这个，但小时跟着你们雨村先生念书，也曾看过。内中也有近情近理的，也有清微淡远的。那时候虽不大懂，也觉得好，不可一概抹倒。况且你要取功名，这个也清贵些。"宝玉听到这里，觉得不甚入耳，因想黛玉从来不是这样人，怎么也这样势欲熏心起来？又不敢在他跟前驳回，只在鼻子眼里笑了一声。

《红楼梦》研究者段启明对此评论：[①]

> 这段议论，其实不过是高鹗先生的夫子自道。八股文中也有近情近理，清微淡远的，这是事实，八股文中也确实可以找到可读之作。……但"我们女孩儿家虽不要这个""你要取功名，这个也清贵些"，这就完全是高鹗硬塞给黛玉的私货。……高鹗本人就是走着这样一条既要"取功名"又要"清贵些"的道路的，因此他也就在作品中自然地也是顽强地表现出这种人生哲

---

① 段启明：《〈红楼梦〉艺术记》，白山出版社，2009年版，第171页

学。然而林黛玉在前八十回中毕竟是曹雪芹笔下一个具有强烈叛逆性格的人物形象，……那么林黛玉究竟是为什么"势欲熏心起来"了呢？就作品本身而论，是无法作出解释的，因为这不是这一人物形象固有性格的合乎逻辑的发展。

对于第九十六回、九十七回"掉包计"这个情节，段启明也认为凿痕毕露，完全违背了《红楼梦》的总体艺术风格：[①]

为了构成"掉包计"这个情节，需要有很多前提条件：第一，宝玉必须呆痴；第二，薛宝钗必须甘愿冒充林黛玉；第三，薛姨妈必须根本不顾及自己女儿这种可辱的处境；第四……第五……。……这种完全靠杜撰和编织出来的情节，自然显得单薄、虚伪而又离奇得可以。……

使这样一个深刻的悲剧却几乎变成一场闹剧。从贾母、王夫人、王熙凤商量这件婚事，凤姐献"掉包计"开始，上上下下的人就不断在发笑，甚至像花袭人这样的忠实的奴才，也"笑的说不出话来"。因为这实在是一场可笑的闹剧。

> 提醒学生：不好的素材会破坏文学形象的统一性，对主题表达起的作用也是消极的。

结果，思想与形式，主题与情节，处于完全不谐调的状态，悲剧性的主题与闹剧式的情节处于矛盾之中。高鹗的"掉包计"很容易使我们想起《醒世恒言》中的《乔太守乱点鸳鸯谱》的某些情节……但是，由于《乱点》整个作品充满了喜剧的情调，因此这里的"掉包计"恰恰是绝妙好文，成为整个作品的中心环节，它与整个作品的色彩是完全谐合一致的。没有这个"掉包计"就没有最后的皆大欢喜的喜剧结局。而高鹗笔下的"掉包计"就完全是另一回事了。

这是一个很典型的案例，就像段启明所说，如果素材取舍、安排不当，"思想与形式，主题与情节，处于完全不协调的状态"，这种不协调就会破坏整个文本的结构。对文本的素材进行分析，素材的逻辑关系是否合理是非常

---

① 段启明：《〈红楼梦〉艺术论》，白山出版社，2009年版，第173-174页。

必要的。朱光潜说，一般人误信文学与科学不同，无须逻辑的思考，其实文学只有逻辑的思考固然不够，没有逻辑的思考却也绝不行。诗人柯尔律治在他的《文学传记》里眷念一位无名的老师，因为从这老师的教诲，他才深深地了解极放纵的诗还是有它的逻辑。[①] 文学是对现实的抽象和表现，这其中一定有方法、规律和逻辑。文学作品中的形象说什么话、做什么事、人物关系、前后顺序、事件起因、发展与结局、人物结局等等都要经过缜密的考虑、合理的匹配，这些就是逻辑的驱动与体现。[②]

托尔斯泰的朋友，法官柯尼，给他讲了一件真实的事：有个上流社会的年轻人，在充当法庭陪审员时，认出一个被控犯盗窃罪的妓女就是他亲戚家的养女。他曾诱奸这个姑娘，使她怀了孕。姑娘最终成了妓女。这个年轻的陪审员认出她就是被他糟蹋过的姑娘，想同这个妓女结婚以赎罪。没想到婚礼前不久，那妓女得伤寒症死了。这故事像一颗种子落入托尔斯泰的心田，他前后花了十年写出了《复活》。译者草婴在《复活》中译本的译者序中写道：

在前六年里，他先后写出了三份草稿。可是，后来他觉得写不下去，而对已经写出的草稿又感到极其不满，他十分苦恼。柯尼讲的故事经过托尔斯泰的"变形"，结局成为男女主人公捐弃前嫌，终成眷属，虽被流放西伯利亚，但男的著书立说，教育孩子，女的读书进修，帮助丈夫，两口子过着安宁的生活。但托尔斯泰后来发觉这样描写男女主人公的命运，不符合生活的真实，而纯属个人的愿望，因此是虚假

> 文本素材的逻辑分析应将重心放在形象和情感的逻辑上。

的。不仅如此，托尔斯泰目睹亿万人民的苦难，觉得光写两个人的个人命运是远远不够的，他要深刻揭示黑暗的沙皇帝国，真实反映被侮辱被损害的人民的命运。因此，以忏悔贵族这一男主人公作为主线的写法必须改变，而应该以平民女主人公玛丝洛娃的生活遭遇作为主线，并通过这条主线来广泛描

---

① 朱光潜：《朱光潜全集（第四卷）》，上海文艺出版社 1982 年版，第 206 页。
② 李泽厚：《美学论集》，上海文艺出版社 1980 年版，第 38 页。

写人民的苦难。

　　……不过，托尔斯泰这时仍没有放弃男女主人公最终结为眷属的设想。这种设想一开始就在托尔斯泰的头脑里生了根，他确实希望两个不幸的好人最终能获得幸福。但这样的幸福有没有根据，托尔斯泰心里产生了怀疑，最后他得出结论：男主人公既不可能使女主人公在精神上复活，而精神上复活了的女主人公也不可能跟他结婚，共同生活。这才是生活的真实。

　　托尔斯泰作为现实主义的大师，他的创作信条是："艺术家之所以是艺术家，全在于他不是照他所希望看到的样子来看事物。"这说明文学创作绝不是随心所欲的，而要依从、寻找最好的文学逻辑。正是基于这样的逻辑，作品才能塑造有说服力、感人的、有光彩的文学形象；也正是这样的逻辑，超越具体的现象深达事物的本质，因其表现了事物的真而成为文学美的基础。对于名家名篇，分析文本所内含的逻辑就是一个欣赏的过程，因为这是作家寻寻觅觅、冥思苦想的结果，是作品产生持久感人力量的基础。

　　再次强调，文学的逻辑与科学的逻辑不同，科学的逻辑基于抽象概念，而文学作品的逻辑分析应将重心放在形象和情感上。北师大版语文教材九年级下册《渔歌三首》第一首是柳宗元的《渔翁》："渔翁夜傍西岩宿，晓汲清湘燃楚竹。烟销日出不见人，欸乃一声山水绿。回看天际下中流，岩上无心云相逐。"课文后的学习提示："有人提出，《渔翁》一诗到'欸乃一声山水绿'就可以结束，已经更为悠远，后面两句是多余的。你认为此说如何？"这个问题就是引导学生进行素材分析——作者为什么要写这个内容？它与前后文的关系如何？对于作者要表达的情意它是否起到了积极的作用？这就是一首诗的逻辑——情感的逻辑、形象的逻辑，这样的分析对于主题的理解、文学形象的感知、情感的共鸣无疑是非常重要的。

技法与策略

　　北师大版语文教材九年级下册附录二"怎样欣赏契诃夫的短篇小说"提

示，契诃夫的短篇小说之所以不朽，还因为他在短篇小说形式上的贡献。他

技法分析的核心——
作者用怎样的方法将多种
多样的素材整合起来以实
现其创作意图。

和法国的莫泊桑一起开辟了短篇小说的新阶段——"横断面"式的结构——不像欧洲和中国的传统小说那样有头有尾，而是从生活中切取一个片段。像《万卡》《渴睡》《苦恼》都是这样，莫泊桑的《我的叔叔于勒》《项链》也是这样。这实际上是要求语文教学要关注文本的写作技法。

李世民在《贞观政要》中说："玉虽有美质，在于石间，不值良工琢磨，与瓦砾不别。若遇良工，即为百代之宝。"朱自清说："记得在中学校的时候，偶然买到一部《姜园课蒙草》，一部彪蒙书室的《论说入门》，非常高兴。因为这两部书都指示写作的方法。那时的国文教师对我们帮助很少，大家只茫然地读，茫然地写；有了指点方法的书，仿佛夜行有了电棒。后来才知道那两部书并不怎样高明，可是当时确得了些好处。"① 这些说法都在提示写作技法对于文学创作的重要性。如果把一个文学作品比作一栋建筑，主题相当于建筑的设计，素材相当于建筑的材料，技法则相当于建筑过程中的技术和工艺。刘勰在《文心雕龙·总术》里强调"术"的重要：

> 是以执术驭篇，似善弈之穷数；弃术任心，如博塞之邀遇。故博塞之文，借巧傥来；虽前驱有功，而后援难继。少既无以相接，多亦不知所删；乃多少之并惑，何妍蚩之能制乎？若夫善弈之文，则术有恒数：按部整伍，以待情会；因时顺机，动不失正。数逢其极，机入其巧，则义味腾跃而生，辞气丛杂而至；视之则锦绘，听之则丝簧，味之则甘腴，佩之则芬芳，断章之功，于斯盛矣。

刘勰所说的"术"就是写作技法。谋篇时作者要考虑的一个重要问题就是运用怎样的技法表现主题、表情达意。以小说为例，一种新的小说形态的出现，一个新的小说流派的形成，往往是跟随着一种新技巧、新手法的运

---

① 朱自清：《〈文心〉序》，载《作文教学论集》，新蕾出版社 1982 年版，第 115 页。

用。小说创作的更新和发展，也往往跟随着一种新技巧、新手法的探索和形成而有突破性的进展。所以，新技巧、新手法，它往往是一种新的文学观念、新的美学理论和审美方式的体现，而这些因素正是推动文学发展的动力。[①] 举例说来，传统的小说家一般用"全能角度"亦即作家无所不在、无所不知的角度来叙述，或用书中主人公自述的口吻来叙述。发展到亨利·詹姆士与康拉德，他们认为"全能角度"难以使读者信服，便采用书中主人公之外的一个人物的眼睛来观察，通过他（或她）的话或思想

> 基于文本比较，结合文学史帮助学生理解：技法的创新意味着文学表现形式的创新，而这能让作者表现更复杂、更精微的情意。

来述说。福克纳又进了一步，分别从多个人的角度，让每一个人讲他这方面的故事。在《喧哗与骚动》中，福克纳让三兄弟，班吉、昆丁与杰生各自讲一遍自己的故事，随后又自己用"全能角度"，以迪尔西为主线，讲剩下的故事。……因此，福克纳常常对人说，他把这个故事写了五遍。当然，这五个部分并不是重复、雷同的，即使有相重叠之处，也是有意的。这五个部分像五片颜色、大小不同的玻璃，杂沓地放在一起，从而构成了一幅由单色与复色拼成的绚烂的图案。[②] 这再次说明文学是"有意味的形式"，新的、更好的创作技法带来更丰富、更新颖、更有意味的文学表现。

文学作品的技法是非常复杂的。钱中文以"小说——自由的形式"为题在一本小说创作理论的序中写道：[③]

几十年来，小说的体裁、叙事方式、视角、语言的不断更新，使其形式变得日益繁多，让人目不暇接。从作者与主人公的关系来说，有独白小说与全面对话的复调小说；从体裁角度看，除了过去的社会、历史、推理、冒险小说，出现了随笔、纪事、神话、戏剧、电影、电视小说；从审美情趣的角度说，除了过去的哲理、伦理、幻想、讽刺、幽默等小说，出现了抒情、政

---

① 汪靖洋：《当代小说理论与技巧》，江苏教育出版社1989年版，第535页。
② ［美］福克纳：《喧哗与骚动》，上海译文出版社1984年版，译本序第9页。
③ 汪靖洋：《当代小说理论与技巧》，江苏教育出版社1989年版，第2-3页。

论、风情、寓意、荒诞、黑色幽默等小说；从思潮的角度看，除了过去的批判现实主义、社会主义现实主义、浪漫主义、自然主义、表现主义、象征主义、超现实主义小说，如今还有存在主义、"新小说"、"心理现实主义"、"结构现实主义"、"魔幻现实主义"小说；还可以从篇幅大小的角度去划分，等等。

仅几十年的发展，小说就有了这么多的形态及写作技法，相应地，其他文体包括诗歌、散文、戏剧等也在不断演进和发展，其写作技法也是非常繁复多样的。面对浩如烟海的写作技法，如何在教学中对文学作品的技法进行分析呢？

● 关注文学理论和文学批评

中国自先秦的《诗经》《楚辞》，已有赋、比、兴及借物托志的表现手法，相应地，自孔子始，其论诗已开文学批评之先河。千百年来文学在发展，文学理论、文学批评同样也在发展。朱东润在《中国文学批评史大纲》中写道：[1]

今欲观古人文学批评之所成就，要而论之，盖有六端。自成一书，条理毕具，如刘勰、钟嵘之书，一也。发为篇章，散见本集，如韩愈论文论诗诸篇，二也。甄采诸家，定为选本，后人从此去取，窥其意旨，如殷璠之《河岳英灵集》，高仲武之《中兴间气集》，三也。亦有选家，间附评注，虽繁简异趣，语或

> 从经典文学理论和文学批评中汲取营养，将其中有关文学技法的评价作为重要参考。

不一，而望表知里，情态毕具，如方回之《瀛奎律髓》，张惠言之《词选》，四也。他若宗旨有在，而语不尽传，照乘之光，自他有耀：其见于他人专书，如山谷之说，备见诗眼者为五；见于他人诗文，如四灵之论，见于《水心集》者，六也。

---

[1] 朱东润：《中国文学批评史大纲》，上海古籍出版社 2001 年版，绪言第 3 页。

文学理论和文学批评中蕴含着极为丰富的有关写作技法的内容，这些是对文学创作规律的总结，教师应对此给予足够的重视，尤其要重视经典的名家名篇，并积极尝试将这些规律应用在对课文写作技法的评析中。

• 关注对具体作品创作技法高质量的评析

名家名篇往往有名家点评，由于其见解高远，对于我们理解、评价文本的创作技法大有裨益。例如，教师讲解陶渊明的《饮酒·其五》时，王国维在《人间词话》中对"采菊东篱下，悠然见南山"两句的评价可作重要参考。王国维认为这两句诗体现了"无我之境"，即"以物观物，故不知何者为我，何者为物"。王国维不仅区分有我之境与无我之境，同时也隐含着两境的高下之分——"古人为词，写有我之境者为多。然未始不能写无我之境，此在豪杰之士能自树立耳"——有我之境乃多数人可为，而无我之境则有待"豪杰之士"的"自树立"。能写无我之境源于诗人胸襟、眼界的不同，如何在弱化"自我"的前提之下，将"物性"最大程度、更为本质地发掘出来，从而更深刻地表现物性之美、空灵之美，这显然是王国维甚为看重的一个创作技法——基于这种技法而形成的文本呈现触动心灵的美感，明显带有庄子"丧我""忘我"的思想痕迹。教师在教学中如果能恰当引用这些材料，一定会大大拓宽、加深学生对作品创作手法的理解。

再如，周振甫整合了历史上重要的小说总评、眉批、句下批，在《小说例话》中对《三国演义》《水浒传》《红楼梦》《儒林外史》《聊斋志异》等五部小说的主要思想倾向、人物、情节、细节、结构、作法、修辞等七个方面进行了分析，其中的"作法"就是小说具体的创作技法。[①] 以对《儒林外史》的创作技

> 名家对名篇创作技法的评析见解高远，教师应多积累这些资料，将其作为教学时的重要参考。

法的评析为例，周振甫总结了散见于各回总评中的创作技法，包括：罗络勾联、前后映带、波折有致、来龙伏案、铸鼎象物、化工造物、绘风绘水、蚁

---

① 周振甫：《小说例话》，中国青年出版社 2006 年版，第 322-338 页。

穿九曲珠、曲折点逗、用反笔、侧笔、颊上三毫、片帆飞渡、舌上生莲等。其中与中学课文《范进中举》有关的技法包括：[①]

前后映带：

第三回卧闲草堂总评："范进进学，大肠、瓶酒是胡老爹自携来，临去是'披着衣服，腆着肚子'；范进中举，七八斤肉，四五千钱，是二汉送来，临去是'低着头，笑迷迷的'。前后映带，文章谨严之至。"

波折有致：

第三回卧闲草堂总评："于阅范进文时即顺手夹出一个魏好古，文字始有波折；譬如古人作书，必求笔笔有致，不肯作蒜条巴子样式也。"

来龙伏案：

第三回卧闲草堂总评："'举业''杂览'四个字后文有无限发挥，却于此闲闲伏案，文笔如千里来龙，蜿蜒天矫。"

铸鼎象物：

第三回卧闲草堂总评："轻轻点出一胡屠户，其人其事之妙一至于此，真令阅者叹赏叫绝……此如铸鼎象物，魑魅罔两，毛发毕现。"

这些历代相传的有关作品创作技法的评析非常经典，散落在序、跋、文学理论、文学批评、信件、碑铭、批注中，教师要关注并有意识地积累这些材料，并灵活地应用于教学中。

- 关注作者有关创作技法的自述

作者有关创作技法的自述是最直接、最鲜活的资料，使我们可以近距离清晰地理解作品的写作技法。例如，马尔克斯在十八岁的时候就打算写《百年孤独》这部长篇小说了。那时他只断断续续地写出几段零星的章节，他说

---

① 这些评价均源自卧闲草堂总评。

写不下去的原因是"怎么也安排不好一个完整连续的结构，当时要创作这样一部作品，还缺乏经验、勇气以及写作技巧"。十五、六年后的一天，马尔克斯在旅行途中终于恍然大悟，他说"原来，我应该像我外祖母讲故事一样叙述这段历史，就以一个小孩一天下午由他父亲带着去见识冰块这样一个情节作为全书的开端"。①马尔克斯的这个自述自然引出一个有关创作技法的重要问题：以这样一个情节做开端"像外祖母讲故事一样"，这背后是一种怎样的叙事策略，这么做的价值是什么？

关于《日出》的创作技法，曹禺有这样的自述：②

写完《雷雨》，渐渐生出一种对于《雷雨》的厌倦。我很讨厌它的结构，我觉得有些"太像戏了"。在技巧上，我用的过分。……过后我每读一遍《雷雨》便有点要作呕的感觉。我很想平铺直叙地写点东西，想敲碎了我从前拾得那一点点浅薄的技巧，老老实实重新

> 作者对作品创作技法的反思与评价是极为重要的参考资料。

学一点较为深刻的。我记起前几年着了迷，沉醉于契诃夫深邃艰深的艺术里，一颗沉重的心怎样为他的戏感动着。读毕了《三姊妹》……在这出伟大的戏里没有一点张牙舞爪的穿插，结构很平淡，剧情人物也没什么起伏生展，却那样抓牢了我的魂魄。我几乎停住了气息，一直昏迷在那悲哀的氛围里。我想再拜一个伟大的老师，低首下气地做个低劣的学徒。……

于是我在写《日出》的时候，我决心舍弃《雷雨》中所用的结构，不再集中于几个人身上。我想用片段的方法写起《日出》，用多少人生的零碎来阐明一个观念。……这里正是用着所谓"横断面的描写"，尽可能的，减少些故事的起伏与夫"起承转合"的手法。墨守章法的人更要觉得"平直板滞"，然而，"画虎不类反成狗"，自己技术上的幼稚也不能辞其咎。

曹禺冒着"平直板滞"的危险也要放弃原来的写作技法，为什么？原来

---

①［哥伦比亚］马尔克斯：《百年孤独》，浙江文艺出版社 1991 年版，第 340-341 页
② 原载《月报》第一卷第四期，1960 中国戏剧出版社出版《日出》时略修改，作为"跋"附于其后。

的技法是怎样的，为什么让曹禺感到厌倦？曹禺说《雷雨》技巧用得过分，体现在什么地方？"横断面的描写"是怎样的，为什么对曹禺有这么大的吸引力？

需要指出的是，技法是为表现主题服务的，了解写作技法是手段而不是目的，学习文本技法是为了更好地理解作者所表现的文本主题，在知其然更知其所以然的情况下获得更深刻的美感体验。因此，如果将文本的主题看作"用"的话，文本的技法就是"器"，对文本的技法进行分析一定要以"用"为引，"器""用"统合。下面以英国小说家福斯特名著《小说面面观》①中提到的小说七个要素为例，说明如何基于"器""用"统合对文本的写作技法进行分析。

（1）故事（story）。小说的基本面是讲故事。故事是按照时间顺序排列

> 创作技法浩如烟海，一方面要具体文本具体分析，另一方面要把握技法分析的原则——将写作技法与写作目的紧密关联起来。

的关于一些事件的叙述，"故"如果理解为过去，故事就是过去的事。通过故事，人们了解了过去发生的、自己没有亲历过的事情。讲故事、听故事可以追溯到极遥远的远古时代，对那时的人来说故事可能性命攸关——他们从故事中了解事实和事件的来龙去脉，从而知晓危险的存在或在哪里可以获得食物；对现代人来说，虚构的故事则让他们看到了自己没有亲历的一个世界。通过小说讲故事需要高明的技法：首先要激发人的好奇心，使读者急切地想要知道事件的后续与发展；好的故事还要给读者以启发和收获，让人们从故事中看到一个丰富有趣、发人深省的世界。

（2）人物（people）。小说中一定要有人物（或具有人物象征意义的、人格化的动物、植物及其他事物）。作者把自己的情志寄托在小说中的人物上，揭示了人们最隐秘的心理活动。小说中的人物——只要小说家想要这么做——能够让读者不但彻底了解他外在的生活，还可以了解他内心的生活，这就是为什么小说人物看上去往往比历史人物，甚至比我们自己的朋友，都

---

① [英] 福斯特：《小说面面观》，中国对外翻译出版公司 2001 年版。

更加轮廓清晰、形象生动。

　　小说中的人物是对现实人物的抽象、重组和变形，小说人物不仅要丰满鲜活，还要合情合理。访谈者问马尔克斯："有没有哪个人物最后写得完全背离了你的本意？"马尔克斯回答："从人物的性格及其命运来分析，有三个人物完全背离了我的本意：奥雷良诺·霍塞，他对他的姑妈阿玛兰塔产生了非分之想，这使我大为惊讶；霍塞·阿卡迪奥，我原来打算把他写成香蕉工会的领袖，但并未如愿以偿；还有霍塞·阿卡迪奥，他从教皇的信徒竟变成了一个好色的懒鬼，这也让我吃惊。"[①]这显示了小说创作中人物塑造的难度，人物的塑造与情境、事件、其他人物之间存在密切的关联，小说中的人物有独立的生命，有自身形成、发展的规律，在技法不够高明的小说作者手里人物会失控，人物形象会模糊、混乱，而在马尔克斯笔下，小说中的人物具有极强的生命力，甚至让作者本人都感到"惊讶"，因为马尔克斯把握住了这个人物形象内在的文学逻辑——"他只能是这个样子！"

　　（3）视角（point of view）。视角指叙述者和故事（人物）之间的关系。小说家可以作为一个旁观者，从外面来描写小说里的那些人物；或者可以站在全知的立场上，从人物的内心世界来描写他们；或者可以把自己置于人物之一的地位，并且对其他人物的思想和动机装作毫无所知的样子；或者可以采取介于这些态度之间的某种态度。福斯特指出，"如果当小说家在变换叙事角度的时候被我们当场发现了，就应该受到批评。这会使读者产生滑稽可笑的感觉，觉得他好像被作者邀请到后台，参观扮演那些人物的木偶是怎样被操作的。这会把读者的注意力从人物身上引开，转而研究起小说家自己的内心活动来。"托尔斯泰在《战争与和平》中频频转换叙事角度，包括全知、半全知视角以及戏剧独白的手法，这显示了他因具备高超的写作技法而对故事全局有极强的把握能力，能够用多样的视角把一个非常复杂的故事讲得完整、丰满、动

> 对创作技法的评析一定要结合具体的文本，要与表情达意的效果联系起来。

[①]［哥伦比亚］马尔克斯：《百年孤独》，浙江文艺出版社1991年版，第343页。

人，同时不同视角所呈现的语言、行为、心理活动又非常自然合理，让读者始终全身心投入到故事中，与故事中的人物同呼吸、共命运。

（4）情节（the plot）。情节与故事一样，也是关于一个个事件的叙述，但它所强调的是事件间的因果关系。"国王死了，然后王后死了"，这是故事；"国王死了，然后王后因哀伤而死"则是情节。在故事里提到王后的死，我们会问"后来呢？"从情节的角度我们会问"为什么？"好奇心驱动了故事，智力和记忆则驱动了情节。情节伴随着神秘感，需要思考，思考中的发现、神秘的探测形成的惊讶是获得美感的基础。对于有着高超写作技法的作者来说，情节所蕴含的因果关系既是合理的，同时也能提供新的、超越生活经验的惊讶感受。福斯特强调，情节的因果关系应反映艺术的真实，不能篡夺人物的主导地位而变成小说的主宰，这会使小说出现灾难性的停滞。他说："如果世上从来就没有死亡和婚姻这两种事儿，我不知道一般的小说家还会想出什么法子来让他们的小说收得了场。"平庸的小说情节老套、生硬、漏洞百出。因此，巧妙、精致的情节设置体现了小说家卓越的创作技法。

（5）幻想（fantasy）。诺尔曼·梅特森的小说《弗莱克的魔法》中，主人公弗莱克是个在巴黎学画的美国小伙，偶遇一个姑娘，这个姑娘给了她一枚指环，可以实现他的一个愿望。弗莱克想要高级轿车、漂亮妞、钱，也想长寿，还想当伟大的画家，一个老太婆建议他要"永远幸福"。弗莱克听从了建议，对指环轻声低语说："我要幸福……永远。"这个故事当然是幻想出来的，这是小说的核心创作技法——虚构——的表现。小说中会出现各种神魔及不可思议的情节，这样的幻想在真实生活中并不存在，却具有非常高的合理性，富有寓言的气息，用象征的手法将生活中本质的、重大的、深刻的内容表现出来。①

（6）预言（prophecy）。预言体现了小说家极为深刻的洞察力，他们在小说中关切人类面临的最重大的问题，呈现了令人惊异的对世界和人类命运的深刻理解。因有高超技法而有预言能力的小说家好像是一个"法师"，代

---

① 赵希斌：《正本清源教语文：文本的内容分析策略》，华东师范大学出版社 2014 年版，第 38 页。

表某个"先知"在发布无法抗拒的律令。阅读富含预言的小说，会给读者的心灵以巨大的震撼，能让读者看到生活现象之下如此深刻、必然的真相与规律。嵌入预言的小说使文本具有了超越性，非常松弛而极具包容性，给读者带来无穷的韵味与遐想，提供丰富而深刻的意味。这正如福斯特所说："人物和情景永远不是仅仅代表其本身而已。他们具有无限广泛的涵义。尽管他们仍然是个别的人或事，但是他们却扩展而包容了无限，又召唤无限来包容了他们。"

（7）模式和节奏（pattern & rhythm）。故事使读者心生好奇，情节使读者积极思考，模式却激发起读者的审美情趣。模式是小说故事的总体形态。福斯特举例，阿纳托尔·法朗士的《泰伊丝》的模式是"沙漏形"的：苦行者巴福尼斯在沙漠苦修时获得了上帝的恩赦，妓女泰伊丝则在亚历山大过着罪恶的生活，巴福尼斯的责任是去拯救她。他救她的目的达到了，她进了修道院，得到上帝的恩赦，可是他却因为遇到了她而被罚入地狱。这两个人物先是汇聚，再交叉而互易各自的位置，然后又分别朝相反的方向分开——就像一个沙漏。这种精心设计的形式将人物、故事、情节、环境等因素粘合成一个整体，产生了感人的审美力量，使我们获得了阅读的乐趣。模式与情节有密切关联，可看作是情节被精巧安排的结果。

节奏是"重复加变化"，小说中有某种元素的重复出现，同时，这个元素再次出现时往往有了新的面貌，积极地配合与推动情节的发展。因此，它既是重复的，也是有生命的、变化的。节奏以它那美妙的消长起伏使我们心里充满了惊讶、新鲜和憧憬等感觉，反复呈现和加强某种意涵，对小说主旨的表达至关重要。小说的节奏像一张网上的节点，承载了文本最关键、最重要的信息，作者通过这个节奏倾诉他最想表达的思想内涵。例如，《红楼梦》中的一僧一道反复出现形成了重要的节奏。女娲补天的遗石，由这一僧一道携入红尘，幻化成眉清骨秀的贾宝玉，跻身于花柳繁华之地、温柔富贵之乡，历尽离合悲欢炎凉世态；他们脱度和点化家遭横祸的甄士隐、因尤三姐蒙垢自刎而痛悔不已的柳湘莲；他们在林黛玉三岁时要化其出家，警告黛玉父母若是不舍则她的病一生也不能好；他们为"生有胎毒"的薛宝钗开出奇异的药方，并在所送的金器上錾了"不离不弃，芳龄永继"的吉祥话；他们在淫思凤姐的贾瑞病入膏肓时送来"风月宝鉴"，可惜贾瑞经不住女色诱惑死于非命；在王熙凤、贾宝玉遭遇算计命在旦夕之时，在贾宝玉的通灵宝玉掉失而令贾府上下惊恐之际，这一僧一道都会突然造访，救危解难；在补续的后四十回的结尾，贾政为找宝玉心急如焚，最后看到一僧一道架扶着宝玉，飘飘荡荡地消失在茫茫大雪中。这样的模式和节奏是作者反复的倾诉与叙说，隐含着他对这个如梦境一般的世界深深的叹息。

这七要素是福斯特关于小说创作技法的一家之言，关于创作技法教师当然了解、学习得越多越好，这些关于创作技法的理论总结可以直接应用于作品分析。诗歌、小说、戏剧、散文是不同的文体，有各自的写作形态和写作策略，了解各种文体基本的写作技法对谋篇分析是必要的。

需要强调的是，对创作技法的分析一定要与具体的文本联系起来，要与作品的主旨联系起来，重点分析所用的技法在多大程度上帮助作者实现了创作意图。王蒙在《漫话小说》中说：

任何高明的手法也无法弥补形象的贫乏、经验的不足、思想的苍白、感情的浅陋、内心的空虚。正像不论用什么先进技法，也无法帮助一个体质上、意志上、训练上有缺陷的运动员取胜。事实恰恰相反，倒是一个体质上、意志上、训练上有良好的准备的运动员，可以更好地运用各种技法……或者'化腐朽为神奇'，使某一种被轻视、被抛弃的技法复活，起死回生。

鲁迅在《答北斗杂志社问——创作要怎样才会好？》中以讽刺的语气写道：[1]

编辑先生：来信的问题，是要请美国作家和中国上海教授们做的，他们满肚子是"小说法程"和"小说作法"。我虽然做过二十来篇短篇小说，但一向没有"宿见"，正如我虽然会说中国话，却不会写"中国语法入门"一样。

---

[1] 鲁迅:《鲁迅全集（第四卷）》，人民文学出版社 1981 年版，第 364 页。

在答问中鲁迅给了七点建议，其中第七点再次强调"不相信'小说作法'之类的话"。鲁迅对于创作有一定之法非常反对乃至厌恶。当前中小学语文教学中充斥着各种"作文大全"，这在鲁迅看来一定是荒诞不经的。可是，鲁迅在答问的第五点建议里又说自己"看外国的短篇小说，几乎全是东欧及北欧作品，也看日本作品"，这又说明借鉴和研习还是有价值的，文学创作还是有方法、有规律的。

鲁迅与王蒙的告诫对作品的技法分析有两点启示：第一，思想内容驱动写作技法，技法分析要与作品的情意内涵和写作意图关联起来；第二，应该学习、领会、借鉴他人的创作技法，但不能照搬，好的文学作品要么独创了某种技法，要么灵活而又恰当地整合、幻化了多种技法。正

> 引导学生思考：鲁迅说"不相信小说作法"，可自己又学习、借鉴了他人的写作方法，如何理解这一看似矛盾的说法？

如石涛在《画语录》中所说："凡事有经必有权，有法必有化。一知其经，即变其权；一知其法，即功于化。夫画，天下变通之大法也。"对优秀的文学作品，不仅要关注作者用了什么"法"，更要关注作者做了哪些"化"，后者是更值得欣赏、品味的创作手段。

005 风格分析

如果请一个外国人看京剧，问他希望看哪一派的表演，他很有可能说"都行"。这说明他对京剧各派的风格不了解、没有偏好，还没有形成对京剧高级的审美需求。没有风格的戏剧不是一流的戏剧，同样，没有鲜明艺术风格的文学也不是一流的文学，就像"没有剑的剑鞘，空空如也的漂亮箱子"。[1] 风格是作

> 让学生思考：风格是什么，对于文学作品的赏析来说为什么风格很重要？

---

① ［苏］别林斯基:《别林斯基论文学》，新文艺出版社 1958 年版，第 150 页。

家、艺术家在创作中所表现出来的艺术特色和创作个性，体现在文艺作品内容和形式等各要素中。王元化指出："风格是文学理论中的一个重大问题，它是一个国家或一个民族的文学超越了模仿的幼稚阶段，摆脱了教条主义模式化的僵硬束缚，从而趋向成熟的标志。"[①] 从作者的角度，风格是作家的名片；从作品的角度，风格是各要素完美整合的结果；从欣赏的角度，风格是审美的最高层次。

"风格"最早不是用来品文而是品人的。汉末魏晋之际盛行所谓的九品论人，"风格"一词被广泛应用。"风"是风彩、风姿，指人的体貌，"格"，指人格、德行，合起来就是对人之品貌的全面评价。[②] 刘勰在《文心雕龙·议对》中已将风格用于文学批评，说应劭、傅咸、陆机三人的文章总的说来都是美的，而且三人的文章各有自己的风格——"亦各有美，风格存焉"。至唐代，风格成熟的作家甚众，谈风格的人也多起来。唐以后，随着文艺批评的发展，对风格的理论研讨日精，风格概念应用日广，乃至文有文格，诗有诗格，又有词格、赋格、画格、字格等等。

对一个文学作品来说，风格的感知和欣赏是全局性的、最上位的，是对学生文学审美的最高要求，学生一旦有能力感知并偏好某种作品的风格，说明他对作品诸要素形成了深切的理解与喜好，与作品、作者形成深刻的关联，这将为其带来非常深刻的审美体验。胡应麟在《诗薮》中说："靖节清而远，康乐清而丽，曲江清而澹，浩然清而旷，常建清而僻，王维清而秀，储光羲清而适，韦应物清而润，柳子厚清而峭，徐昌谷清而朗，高子业清而婉。"只是一个"清"，就能品味出这么多的种类，这一方面显示了文本表情的细腻，另一方面也显示了阅读者感受这份细腻的能力。

英国作家简·奥斯汀的小说中充满了讽刺与幽默的话语，其名作《傲慢与偏见》中有一句是：What say you, Mary? For you are a *young lady of deep reflection* I know, and read great books, and make extracts.[③] 下面是三个译者

---

① 王元化：《王元化集（第二卷）》，湖北教育出版社 2007 年版，第 378 页。
② 吴承学：《中国古典文学风格学》，北京大学出版社 2011 年版，第 2 页。
③ 徐宝华：《翻译中原作风格的再现》，《语文学刊》2013 年第 2 期，第 50 页。

对这句话的翻译：

  王译：玛丽，你对此怎么看？我知道，你是一个有着深刻思想的姑娘，读了许多经典名著，而且做了不少的摘录。

  张译：玛丽，你说呢？我知道你是位见解深刻的女士，你还读过大部头的书，还做了札记。

  孙译：玛丽，你说呢？我知道你是富有真知灼见的小姐，读的都是鸿篇巨著，还要做札记。

> 以实际的案例向学生表明：不同风格的文字表情达意的效果是不同的。

  小说中的 Benne 先生爱讥讽他人，连自己的女儿也不例外。由于玛丽平时说话总爱引经据典，总是学究式的口吻，当然受到了父亲的嘲弄。因此，原文中"a young lady of deep reflection, great books"是具有讽刺意味的。孙译中的"富有真知灼见"和"鸿篇巨著"不仅在语义上更准确，与作者整体文字风格更匹配，与人物形象的协调性更高。这是一个很好的例子，可以让我们体会什么是文字风格，以及文字风格对于文学审美的意义——有风格的作品内容与形式完美地融合与匹配，展现最动人、最具审美价值的艺术形象。

风格的内涵

  有风格的作品是独特的，这是作家个性与创造力的必然表现——把自己独特的生命体验以富有文学意味的形式表现出来。但是，独特不足以形成风格。王国维在《人间词话》中说："词之雅郑，在神不在貌。永叔、少游虽作艳语，终有品格。方之美成，便有淑女与倡伎之别。"这说明，风格不仅要独特，更要有高的审美价值。歌德认为

> 有风格的作品不仅要独特，更要有品格，充满强烈而迷人的审美气息。

艺术品有三个层次：第一个层次是自然的模仿，以最准确的笔触，忠实地去摹写自然的形体和色彩。第二个层次是能够体现个人的作风，艺术家能在观察对象中看到某种和谐并为此作出取舍，超越一笔一画描摹自然的点点滴

滴，用自己的一套办法，表现更加完整、更有意义的内容。第三个层次的艺术品超越了模仿和技术性处理，发现了艺术对象最本质的特点，并以最恰当、最精妙的方式对其本质进行表现，这样一来就产生了风格。因此，歌德认为应给予风格这个词最高的地位，因为这是艺术所能企及的最高境界——"光是欣赏一下这种境界已经是一大幸事，而和睿智之士谈论这个问题则更是一种崇高的享受。"① 这段话进一步说明，有风格的作品有赖于作者深刻的洞察力和高超的表现力，能提供独特而深刻的美感。

威克纳格在《诗学·修辞学·风格论》中写道：②

风格并非安装在思想实质上面的没有生命的面具，它是面貌的生动表现，活的姿态的表现，它是由含蓄着无穷意蕴的内在灵魂产生出来的。或者，换言之，它只是实体的外服，一件覆体之衣；可是衣服的褶襞却是被衣服覆盖着的肢体的意态所形成的。灵魂，再说一遍，只有灵魂才赋予肢体以这样或那样的动作。

风格绝不只是独特，还需要有品格，即充盈强烈迷人的审美气息。威克纳格批评了内容与形式不匹配的矫饰："在线条和结构方面脱离了客观表现基础的绘画和雕刻，纯粹是由艺术家的爱好、任性和积习所产生出来的，我们不禁称之为矫饰作风。"黑格尔在《美学》中指出："作风只是艺术家的个别的因而也是偶然的特点，这些特点并不是主题本身及其理想的表现所要求的。"这里所谓的作风近似文艺作品中表现的"习气"，与真正意义上的风格是朱紫各别，泾渭殊途的。这种习气不是作者创作个性的自然流露，而是脱离了艺术的内在要求，作者在表现手法上所形成的某种癖好，往往由于习惯成自然，不管场合，不问需要不需要或适当不适当，总是顽强地在作品中冒出头来，成为令人生厌的赘疣。③ 由此可见，风格与习气都是作者稳固的特点，风格是值得鼓励和被欣赏的，而习气则是应当摈弃的。

---

① 转引自《王元化集·卷二》，湖北教育出版社，第299-300页。
② 同上，第312页。
③ 同上，第382-383页。

老舍在谈《骆驼祥子》的创作时说道：[1]

在这故事刚一开头的时候，我就决定抛开幽默而正正经经地去写。在往常，每逢遇到可以幽默一下的机会，我就必抓住它不放手。有时候，事情本没什么可笑之处，我也要运用俏皮的言语，勉强地使它带上点幽默味道。这，往好里说，足以使文字活泼有趣；往坏里说，就往往招人讨厌。《祥子》里没有这个毛病。即使它还未能完全排除幽默，可是它的幽默是出自事实本身的可笑，而不是由文字里硬挤出来的。这一决定，使我的作风略有改变，教我知道了只要材料丰富，心中有话可说，就不必一定非幽默不足叫好。

让学生思考：品格是什么意思？为什么风格不仅要独特，更要有品格？文学创作的"习气"又是什么意思，其具体表现和弊端是怎样的？

老舍非常警惕，没有让自己习惯的幽默表达在不恰当的时候出现，变成令人讨厌的习气。由于学生的经验、阅历不足，审美品位正在形成和发展，往往会被行文独特、紧跟流行趋势的文本吸引，可是这些文本的审美意味却是单薄或怪异的。教师要加强引导，可通过文本对比的方式，引导学生审视什么样的作品有品格，什么样的作品只是某种习气的体现。

刘勰在《文心雕龙·体性》中将文本风格分为八种（八体）："一曰典雅；二曰远奥；三曰精约；四曰显附；五曰繁缛；六曰壮丽；七曰新奇；八曰轻靡。"刘勰说："故雅与奇反，奥与显殊，繁与约舛，壮与轻乖。文辞根野，苑囿其中矣。"实线相连表示两种风格可以相兼，虚线相连表示不能相兼，这样就可以变化出许多风格来。刘勰认为把风格分为八体，犹如《易》中的八卦，八卦囊括了整个宇宙，那么他的"八体"如果加以变化，也就包括了全部文学的风格了——"文辞根野，苑囿其

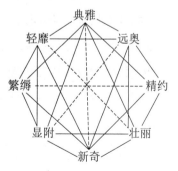

———————————

[1] 张桂兴编：《老舍文艺论集》，山东大学出版社 1999 年版，第 286-290 页。

中矣"。

陈望道在《修辞学发凡》一书中提出"四对八体"的说法：简约、繁丰，刚健、柔婉，平澹、绚烂，谨严、疏放。陈望道对风格的命名与刘勰不同，但命名的方式及风格之间的关系是一致的。童庆炳认为，刘勰的文学风格论"八体包万变"。刘勰的风格形态分类，的确是一种发现，迄今还不能寻找出一种比刘勰更好的分类的方法。语言学家陈望道选择了刘勰的风格分类，不是没有道理的。①

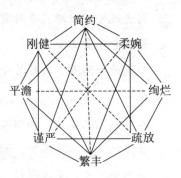

中国传统文学批评提出的文本风格分类在教学时是重要参考，有助于学生理解作品的风格。但对风格的理解不应停留在纸面上的概念，学生必须对风格形成真实的体验，才能从中获得真切的美感。例如，刘勰在《文心雕龙·辨骚》里说："故《骚经》《九章》，

> 古今中外的文学理论和文学批评提出许多文本风格的概念，教学中如何看待和应用这些概念？

朗丽以哀志；《九歌》《九辨》，绮靡以伤情；《远游》《天问》，瑰诡而慧巧；《招魂》《大招》，耀艳而深华；《卜居》标放言之致，《渔父》寄独往之才。故能气往轹古，辞来切今，惊采绝艳，难与并能矣。"这是一个大文论家对屈原作品风格的判断，这个判断是值得参考的。但对于学生来说，记住这些断语是没有意义的。举例说来，"朗丽以哀志"和"绮靡以伤情"是不同的风格，但这是一个抽象的表达，什么是"朗丽以哀志"，什么又是"绮靡以伤情"？这就需要学生真正亲近文本，基于真正的情感体验形成对风格认知的内化。

以《九章》中的《涉江》为例：

余幼好此奇服兮，年既老而不衰。
带长铗之陆离兮，冠切云之崔嵬。

---

① 童庆炳：《童庆炳谈文心雕龙》，河南大学出版社 2008 年版，第 61-62 页。

被明月兮佩宝璐。

世溷浊而莫余知兮，吾方高驰而不顾。

驾青虬兮骖白螭，吾与重华游兮瑶之圃。

登昆仑兮食玉英，

与天地兮同寿，与日月兮齐光。

……

哀吾生之无乐兮，幽独处乎山中。

吾不能变心而从俗兮，固将愁苦而终穷。

接舆髡首兮，桑扈裸行。

忠不必用兮，贤不必以。

伍子逢殃兮，比干菹醢。

与前世而皆然兮，吾又何怨乎今之人！

余将董道而不豫兮，固将重昏而终身！

……

对文本风格的理解一定不能停留在抽象概念上，最好能通过文本的对比让学生感悟文本的风格。

这首辞的文字明朗坚定，表达了作者因奸臣当道、世事污浊而愁苦、幽居、独处的痛苦和悲哀，更表达了作者不惧艰险、迎难而上、立志高远、洁身自好的豪情壮志。以明朗坚定的文字风貌表现了哀伤之中坚定的志向，刘勰称《涉江》"朗丽以哀志"是非常贴切的。

再看《九歌》中的《湘夫人》：

帝子降兮北渚，目眇眇兮愁予。

袅袅兮秋风，洞庭波兮木叶下。

登白薠兮骋望，与佳期兮夕张。

鸟何萃兮蘋中，罾何为兮木上？

沅有茝兮澧有兰，思公子兮未敢言。

荒忽兮远望，观流水兮潺湲。

麋何食兮庭中？蛟何为兮水裔？

朝驰余马兮江皋，夕济兮西澨。

闻佳人兮召予，将腾驾兮偕逝。

筑室兮水中，葺之兮荷盖；

荪壁兮紫坛，播芳椒兮成堂；

桂栋兮兰橑，辛夷楣兮药房；

罔薜荔兮为帷，擗蕙櫋兮既张；

白玉兮为镇，疏石兰兮为芳；

芷葺兮荷屋，缭之兮杜衡。

合百草兮实庭，建芳馨兮庑门。

九嶷缤兮并迎，灵之来兮如云。

捐余袂兮江中，遗余褋兮澧浦。

搴汀洲兮杜若，将以遗兮远者；

时不可兮骤得，聊逍遥兮容与。

在这首辞中，作者同样在表达哀伤，却使用了典型的象征手法，祭出独特的"香草美人"，用温软清丽的文字喃喃细语般创设了一个迷幻的、童话般的世界以迎接湘水女神，这就是刘勰所说的"绮靡"。这个世界中布满了纯真和美好，寄托了作者对美好的向往。但是，作者如此隆重地、热切地盼望的女神并没有出现，对美好不至的哀伤就是刘勰所说的"伤情"。相比较而言，《涉江》表现的像是一个在战场上受伤的大丈夫，忍住伤痛发出嘶吼并纵马向前；而《湘夫人》表现的却是一个温润细腻的男人，在一个角落里独自伤怀。

> 对同一个作者不同作品的风格进行对比分析。

之所以呈现两篇《楚辞》的原文，是为了说明对作品风格的体认一定要以与文本的亲密接触为基础，对作品风格形成真实体验，能够产生相应的情感共鸣，获得愉悦的心理感受。

刘勰在《文心雕龙》中说："操千曲而后晓声，观千剑而后识器。"上述对屈原的两篇辞同时进行分析，通过对比更能显现文本的风格。要强化对于风格的感知的话，加强作品之间的对比阅读是非常有效的方法。上述是对一个作者不同作品风格的对比，还可以对不同作者的作品风格进行对比。以鲁迅和沈从文的作品为例。[①]

鲁迅38岁走上文坛，可他文学思想的起点却要远溯至少年时代因家道中落对人世险恶的感悟。从军事救国、实业救国到后来的医学救国、文艺救国，鲁迅的作品以救治国民性为己任，以改变社会为目的，以理性批判为手段，形成了冷硬、锐利的美学风格。沈从文凭借一股原始的冲动23岁正式登上文坛，他常说自己创作的激情源于内在的童心幻想。他在作品中投注的是对于生命价值的关怀，自然写真、浑圆内敛是其作品的总体风格。

> 对不同作者的作品风格进行对比分析。

从作品的主旨来看。鲁迅的作品绝大部分着力表现和发掘丑陋和不幸，以揭露为旨归，警世为追求。鲁迅自己也有感于此："我的生活里没有爱，也没有诗。"沈从文则是一位爱世作家，他认为生命永远是美的化身，触目皆美。他明确地说："不管故事还是人生，一切都应当美一点！丑的东西虽不全是罪恶，总不能使人愉快……"沈从文即便处理批判性的题材，也不像鲁迅那样不容调和的锐利、急骤和强力。

从人物的塑造、情节设置和情境再现来看。鲁迅的小说中文学人物的抽象性极强，具有明显的符号特征，如狂人、孔乙己、阿Q、祥林嫂等。沈从文笔下的人物则像工笔画，高度还原，独具个性。萧萧、翠翠、柏子、会明，一个个可触可摸、有血有肉。鲁迅的作品追求以点带面，很少有场景的渲染和情节的铺叙。沈从文作品则呈明显的时序结构，一则则故事自然从容地展开，人景并重，一个个人物与周遭的环境达到高度的融合。

从文本逻辑来看。鲁迅的作品自上俯下，逻辑性很强，显现明确的主观意象；沈从文的作品则属归纳型，其视角自下仰上，在他的小说中既找不到特别明确的意图和指向，也读不到像"世上本没有路，走的人多了，也便成了路"这样的隽言警语。鲁迅的作品善用第一人称——在《呐喊》十四篇小说中就有九篇是第一人称——更方便地凸显其主观视角。沈从文则多用第三

---

① 裴毅然：《鲁迅与沈从文美学风格比较》，《杭州大学学报》1994年3月第1期，第24-30页。

人称来写，敛起自己的主观意图，退避一旁淡叙轻描，将作品静静地交与读者。沈从文极为明确地反对文学中的说教："只看看历史上绝大多数说教作品的失败，即可明白把作品有意装入一种教义，永远是一种动人理论，见诸实行并不成功。"而他的名言"不想明白道理却永远为现象所倾心"更说明了他的艺术追求。

作品风格的体认还有一个方法，即关注作品的流派，以时代、主题为背景，从多个作者作品的共性与个性分析其风格。流派是在一定历史时期内，由思想倾向、艺术主张、审美趣味、创作方法比

> 引导学生从流派的视角对作品的风格进行分析。

较一致，或艺术风格比较近似的某些作家所形成的文学派别。江淹《杂体诗序》云："夫楚谣汉风，既非一骨；魏制晋造，固亦二体。"《沧浪诗话·诗体》云："以时而论，则有建安体、黄初体、正始体、太康体、元嘉体、永明体、齐梁体、南北朝体……"又如李东阳《怀麓堂诗话》云："汉、魏、六朝、唐、宋、元诗，各自为体。"他们所说的体，指的是不同时代的文学所呈现的不同的总体风貌。[①]在语文教学中，当我们发现某个文本属于某个流派，该流派的共同特征自然成为风格分析的基础和依据。

以京派小说为例，京派小说不是后来人们所称的"京味小说"，而是指20世纪30年代新文学中心南移到上海以后，继续活动于北平的作家群所形成的一个文学流派。京派主要成员包括周作人、废名（冯文炳）、俞平伯、梁实秋、凌叔华、沈从文、孙大雨、梁宗岱、朱光潜、李健吾、何其芳、李广田、卞之琳、萧乾、李长之等。[②]

京派小说以抒情写意作品最为见长。京派小说的代表作几乎全是抒情写意成分相当重的，有些简直就是小说体的诗。沈从文在20年代末谈到废名小说时就说："用抒情诗的笔调写创作，是只有废名先生才能那样经济的。"他承认自己的《夫妇》等篇"受了废名先生的影响"。30年代谈到自

---

① 朱培高：《中国文学流派史》，黄山书社1998年版，第466页。
② 严家炎：《中国现代小说流派史》，长江文艺出版社2009年版，第205页。

己乡土题材小说时，沈从文认为："作品一例浸透了一种'乡土抒情诗'的气氛。"

象征是京派小说常用的重要的写作手法。许多小说从题目到小说中的具体形象都具有象征性，废名小说《桥》，沈从文小说《渔》《泥涂》《菜园》中的菊花，《夫妇》中的野花，凌叔华小说《凤凰》，萧乾小说《蚕》《花子与老黄》，这些小说中的具体形象都负荷着深厚的情意内涵。

温和委婉是京派小说的风貌。在《大小阮》中，对于大阮这类见利忘义的投机者和飞黄腾达的新贵，作者在小说结尾时只轻轻落笔："他很幸福，这就够了。这古怪时代，许多人为多数人找寻幸福，都在沉默里倒下，完事了。另外一种活着的人，都照例以为自己活得很幸福，生儿育女，还是社会中坚，社会上少不得他们。尤其像大阮这种人。"点得似乎很轻，却在沉痛中流露出深深的鄙视；然而，这种感情一旦和怜悯相混合，又显得温厚蕴藉，这是典型的京派风度。

通过某个流派的作品，我们能看到一群创作者的作品的共同风格，这些创作者的思想、艺术倾向并不完全一致，但他们在文学事业上有共同的趋向和主张，在创作上也有共同的审美理想和追求。在教学中从流派的视角赏析作品的风格，必须要有宽阔的视野，要在对多个作家、多个作品的对比中发现、感悟作品的风格，通过这样一个不断重复和强化的过程，学生能够对作品的风格形成更加鲜明、深刻的认识。

作者与风格

任何一个成熟的作家都必然有他的风格，越是优秀的作家，他的风格就越是独特、鲜明，风格成为人们辨认、区别作家艺术个性的标志。据俞文豹《吹剑录》记载：苏东坡为翰林学士时，曾问幕下士："我词何如柳七？"幕下士答道："柳郎中词只合十七八女郎，执红牙板，歌'杨柳岸晓风残月'。学士词须关西大汉，铜琵琶、铁绰板，

> 引导学生思考：为什么不同的作者往往有自己独特的写作风格？

唱'大江东去'。"这一典故精确而又形象地指出了柳永词与苏轼词风格的不同：前者婉约、阴柔，后者豪放、阳刚。这也提醒我们，作品风格与作者本人是密不可分的。杜甫自评其诗"沉郁顿挫"，王安石评李白诗"豪放飘逸"，苏轼评孟郊、贾岛"郊寒岛瘦"。严羽《沧浪诗话·诗体》谓："以人而论，则有苏李体、曹刘体、陶体、谢体、徐庾体、沈宋体、陈拾遗体、东坡体、山谷体、后山体、王荆公体、邵康节体、陈简斋体、杨诚斋体。"这些都是指作家个人的艺术风格。① 此外，谈唐诗总要提及韩愈雄肆艰险、白居易明爽晓畅，以至杜牧俊逸、李贺凄艳、李商隐绮丽；论宋词不能不辨苏轼清旷放逸、秦观婉委清丽、辛弃疾雄健清壮、姜白石清空雅洁……而评古文则又有类似"韩如海、柳如泉、欧如澜、苏如潮"这样的比喻。即使在当代文学的研究中，论诗人也是艾青宏畅、严辰醇厚、贺敬之雄浑、郭小川奔放；说散文则是茅盾深密、巴金缠绵、孙莉素淡、秦牧厚重……②

陶渊明的作品在世时并未得到应有的重视。钟嵘《诗品》把陶渊明的诗列为"中品"，杜甫《遣兴五首·其三》说"观其著诗集，颇亦恨枯槁"。苏轼却不然，他对陶渊明的认识在评陶历史上有着突出的意义，为后世陶诗研究者所公认：③

柳子厚诗在渊明下，韦苏州上。……所贵乎枯淡者，谓其外枯而中膏，似淡而实美，渊明、子厚之流是也。——《评韩柳诗》

苏李之天成，曹刘之自得，陶谢之超然，盖亦至矣。——《书黄子思诗集后》

吾于诗人无所甚好，独好渊明之诗。渊明作诗不多，然其诗质而实绮，癯而实腴，自曹刘鲍谢李杜诸人皆莫及也。——苏辙《子瞻和陶渊明诗集引》

① 吴承学：《中国古典文学风格学》，北京大学出版社 2011 年版，第 222 页。
② 严迪昌：《文学风格漫说》，江苏人民出版社 1983 年版，第 2 页。
③ 王水照：《苏轼选集》，上海古籍出版社 2014 年版，前言第 17 页。

苏轼对陶诗"外枯而中膏，似淡而实美""质而实绮，癯而实腴"的品评是深刻的。值得注意的是，这样的评价并不是针对陶渊明的某一个或某几个作品，而是对陶渊明总体作品风格的评价，显示作者与作品风格之间存在密切关联。

下面以老舍的作品及与其他作者作品的对比为例，感受作者自身因素对作品风格的影响。

老舍在《怎样写通俗文艺》中强调"要积极的去在大白话中找出金子来"。《骆驼祥子》11 万字的小说，只用了 2413 个不同汉字，而且都是日常常用的，由这些汉字构成的词汇也大都是通俗易懂的。[1] 老舍在谈创作体会时说过："我没有算过，《小坡的生日》中一共到底用了多少字；可是它给我一点信心，就是用平民千字课的一千个字也能写出很好的文章。"[2] 我们来看老舍文字的大白话风格：

名词：你赶明儿回新加坡的时候，到二马路听听去，就明白了。(《小坡的生日》)

动词：让了三四次，他才不得已的，像一条毛虫似的，把自己拧咕到首座。(《四世同堂》)

形容词：喝完了酒，更新新了，那个老家伙给了酒钱。(《二马》)

副词：二爷的收入将将够他们夫妇俩花的，而老三还正在读书的时候。(《四世同堂》)

连词：你知道，干你们这行的但分有法，能扔家伙不能？(《上任》)

俗语：这需要眼光，手段，小心，泼辣，好不至都放了鹰。(《骆驼祥子》)

这不就是从大白话中找出的金子吗？那么的生动、自然、独特。老舍写的是城市贫民，表达的是对他们的同情，揭露的是这个世界的残酷，小说中

---

①《长江日报》1983 年 3 月 15 日。
②王建华：《老舍的语言艺术》，北京语言文化大学出版社 1996 年版，第 6 页。

的人物自然要说贫民会说的话，要做贫民会做的事。这就是老舍最熟悉的场景，也是他最擅长的写作主题和写作对象。我们看老舍在《骆驼祥子》中是如何写景的：

灰天上透出些红色，地与远树显着更黑了；红色渐渐的与灰色融调起来，有的地方成为灰紫的，有的地方特别的红，而大部分的天色是葡萄灰的。又待了一会儿，红中透出明亮的金黄来，各种颜色都露出些光；忽然，一切东西都非常的清楚了。跟着，东方的早霞变成一片深红，头上的天显出蓝色。红霞碎开，金光一道一道的射出，横的是霞，直的是光，在天的东南角织成一部极伟大光华的蛛网：绿的田，树，野草，都由暗绿变为发光的翡翠。老松的干上染上了金红，飞鸟的翅儿闪起金光，一切的东西都带出笑意。祥子对着那片红光要大喊几声，自从一被大兵拉去，他似乎没看见过太阳，心中老在咒骂，头老低着，忘了还有日月，忘了老天。现在，他自由的走着路，越走越光明，太阳给草叶的露珠一点儿金光，也照亮了祥子的眉发，照暖了他的心。他忘了一切困苦，一切危险，一切疼痛；不管身上是怎样褴褛污浊，太阳的光明与热力并没将他除外，他是生活在一个有光有热力的宇宙里；他高兴，他想欢呼！

> 理解某个作者的作品风格有两个视角。横向视角：将该作者的作品与其他作者的作品比较；纵向视角：将作者本人的不同作品相互比较。

再看徐志摩在小说《春痕》中的文字：

他走到窗前，把窗子打开，只觉得一层浓而且劲的香气，直刺及灵府深处，原来楼下院子里满地都是盛开的瑞香花，那些紫衣白发的小姑子们，受了清露的涵濡，春阳的温慰，便不能放声曼歌，也把她们襟底怀中脑边蕴积着的清香，迎着缓拂的和风，欣欣摇舞，深深吐泄，只是满院的芬芳，只勾引无数的小蜂，迷醉地环舞。

三里外的桑抱群峰也只在和暖的朝阳里欣然沈浸。

逸独立在窗前，估量这些春情春意，双手插在裤袋里，微曲着左膝，紧啮住浅绛的下唇呼出一声幽喟，旋转身掩面低吟道可怜这万种风情无地着！

"有的地方特别的红""红中透出明亮的金黄来""老松的干上染上了金红"，这就是老舍语言的风格；"受了清露的涵濡""襟底怀中脑边蕴积着的清香""深深吐泄"，这就是徐志摩的语言风格——二者有多么大的差异！而这种差异不得不说是两个作者自身有着根本的不同。老舍说，让教授说"适可而止"，让三轮车工人说"该得就得"，作品中不同的人物说不同风格的话，类似地，不同的作者也使用不同风格的文字。[1] 最能代表和体现老舍风格的就是小说

> 分析不同作者的作品风格，必须深入了解作者的个性、生活经历、生活背景。

《骆驼祥子》、话剧《龙须沟》《茶馆》等作品，因为这些作品的题材和主题同他的主观个性和审美心态非常适应、非常和谐。反之，那些与他的个性气质和主观能力不相适应的生活题材，如以抗战为主题的长篇小说《火葬》，就写不好，甚至失败。老舍后来在谈创作体会时说："我就写不出斗争比较强烈的戏，因为天性不是爱打架的人，没有参加革命斗争，所以写起逗笑、凑趣的东西就比较方便一些。"[2]

老舍的市民小说里也有批判和讽刺，但与鲁迅描写中国人的愚昧的精神状态是不一样的。"愚昧"这个词表达了典型的启蒙文化者的态度，有嫌恶的成分，而老舍的批判比较缓和，不是赶尽杀绝，而是要留了后路让他们走的。老舍笔调幽默，他对人物那种"可笑"的揭示没有恶意，可笑就是可笑，再坏的人也有好笑好玩的地方，老舍对他们也有几分温和的同情。[3] 对此，老舍是这么说的：[4]

假若我专靠着感情，也许我能写出有相当伟大的悲剧，可是我不澈底；

---

① 老舍:《老舍文集（第十六卷）》，人民文学出版社 1991 年版，第 66 页。

② 老舍:《题材与生活》，《文艺报》1961 年第 7 期。

③ 陈思和:《中国现当代文学名篇十五讲（第 2 版）》，北京大学出版社 2013 年版，第 222 页。

④ 胡洁青编:《老舍论创作》，上海文艺出版社 1980 年版，第 5，10 页。

我一方面用感情咂摸世事的滋味，一方面我又管束着感情，不完全以自己的爱憎判断。这种矛盾是出于我个人的性格与环境。我自幼便是个穷人，在性格上又深受我母亲的影响——她是个楞挨饿也不肯求人的，同时对别人又是很义气的女人。穷，使我好骂世；刚强，使我容易以个人的感情与主张去判断别人；义气，使我对别人有点同情心。有了这点分析，就很容易明白为什么我要笑骂，而又不赶尽杀绝。我失了讽刺，而得到幽默。……我自幼贫穷，做事又很早，我的理想永远不和目前的事实相距很远，假如使我设想一个地上乐园，大概也和那初民的满地流蜜，河里都是鲜鱼的梦差不多。贫人的空想大概离不开肉馅馒头，我就是如此。明乎此，才能明白我为什么有说有笑，好讽刺而并没有绝高的见解。

上面这些分析和素材提醒我们，理解作品风格一定要了解作者。陈平原在谈到清末民初的中国小说时指出：钻研了几十年词章或八股，你要他写小说时不带出词章或八股的味道，能行吗？梁启超著小说，当然不会忘记他那"笔锋常带情感"的"新文体"长于论辩，林纾也不会放弃他那古文家的架子，非让你领略史迁笔法不可；苏曼殊可以发挥他的诗画才能，徐枕亚则坚信他的尺牍绝对哀感顽艳。①

苏轼论苏辙"其文如其为人"，文学是个体生命能量的舒泄，是生命样态的表现，文学带着个人的体温和气息。曹丕说："文以气为主，气之清浊有体，不可力强而致。譬诸音乐，曲度虽均，节奏同检，至于引气不齐，巧拙有素，虽在父兄，不能以移子弟。"刘勰在《文心雕龙·体性》中以贾谊、司马相如、扬雄、刘向、班固、张衡、王粲、刘桢、阮籍、嵇康、潘岳、陆机十二位作者为例，说明作者的性情(主要是性格)决定了作品的风格。如贾谊年轻才高，意气英发，"故文洁而体清"，司马相如性格高傲夸诞，所以其作品过于夸饰，"理侈而辞溢"，扬雄性格沉默寂静，所以其作品内容深隐，意味含蓄。刘勰认为，情性与风格是一致的——"触类以推，表里必符"。

---

① 陈平原：《中国散文小说史》，上海人民出版社 2014 年版，第 372 页。

作者的气质、性情是相对不变的影响作品风格的因素。而作者的学识、经历是不断丰富和变迁的，这使得一个作者的作品风格会随时间发生变化。南唐后主李煜在亡国之前写"晚妆初了明肌雪，春殿嫔娥鱼贯列。风箫吹断水云闲，重接霓裳歌遍彻"；而国破家亡时他写"春花秋月何时了，往事知多少？小楼昨夜又东风，故国不堪回首月明中"，可以看出两个作品的风格有多么大的差异。李清照在诗中说："生当作人杰，死亦为鬼雄。至今思项羽，不肯过江东。"从中可以看出一个女性不凡的豪气与抱负。她的《如梦令》写道："昨夜雨疏风骤，浓睡不消残酒。试问卷帘人，却道海棠依旧。知否？知否？应是绿肥红瘦。"这首词又显现出她早年的生活优渥闲适。靖康之变后，李清照国破，家亡，夫死。这时期李清照的作品再没有当年那种清新可人、浅斟低唱，而转为沉郁凄婉，《声声慢·寻寻觅觅》便是此时的代表作。

再以苏轼的词为例。苏轼有长达四十多年的创作生涯，留下了二千七百多首诗、三百多首词和四千八百多篇的各类文章。漫长而丰富的创作历程，必然呈现出阶段性。其胞弟苏辙在《东坡先生墓志铭》中说苏轼"初好贾谊、陆贽书，论古今治乱，不为空言"；"既而读《庄子》"，有深得其心之叹；"谪居于黄，杜门深居，驰骋翰墨，其文一变，如川之方至，而辙瞠然不能及矣"；又

> 某个作者的作品风格会发生变化，通过文本比较显示这种变化并分析为什么会发生变化是很有趣的。

说"公诗本似李杜，晚喜陶渊明"。苏轼的生活经历对其作品影响很大。他一生两次在朝任职、两次在外地做官、两次被贬。大起大落的生活遭遇，造成他复杂而又多变的艺术面貌。任职时期以儒家思想为主，贬居时期以佛老思想为主，艺术上则有豪健清雄和清旷简远、自然平淡之别。初入仕途时期是论辩滔滔、汪洋恣肆的文风，才情奔放、曲折尽意的诗风。两次外任时期，苏轼诗歌的风格主要表现为豪健清雄，对前代诗人李、杜、韩、刘（禹锡）汲取较多。这时期苏轼开始了词的创作，一改词之婉约面貌，他以诗入词，独具清新流畅、疏宕俊迈的风格。"乌台诗案"是苏轼生活的转折点，他这时期的作品中尽管交织着悲苦和旷达、出世和入世、消沉和豪迈的种种

复杂情绪和态度，但超然物外、随缘自适的佛老思想仍是基调。这时期的创作风格除了豪健清雄外，又有清旷简远的一面，透露出向以后岭海时期平淡自然风格过渡的信息。①

作品的风格不仅与个体的经验、气质相关，而且和个体的人格相关。布丰在接受法兰西学院荣誉头衔时说"风格即人格"，而人格具有道德判断的意味。汉代扬雄在《法言·问神》里说："言，心声也；书，心画也。声画形，君子小人见矣。"明确认为文字与人的品格是直接对应的。余光中指出，"文如其人"的"人"不应仅指作者的体态谈吐与人的外在印象，更应是作者内心深处的自我，这种自我在作品中得以体现，成为一位作家的"艺术人格"。这艺术人格，才是"文如其人"的"人"，也才是"风格即人格"的"人格"。②

在中国，孔子最早把"德"引入文学批评。《论语·宪问》说："有德者必有言，有言者不必有德。"孔子的"文""德"思想被后来的汉儒发扬光大。《毛诗序》说："诗者，志之所之也；在心为志，发言为诗。"司马迁在《史记·屈原贾生列传》中认为屈原高洁的品格影响了《离骚》的创作——"其文约，其辞微，其志洁，其行廉。"朱熹在《王梅溪文集序》里，以诸葛亮、杜甫、颜真卿、韩愈、范仲淹等五人为例："此五君子，其所遭不同，所立亦异，然求其心，则皆所谓光明正大，疏畅洞达，磊磊落落而不可揜者也。其见于功业文章，下至字画之微，盖可以望之而得其为人。"陆游在《上辛给事书》中说："人之邪正，至观其文，则尽矣决矣，不可复隐矣。爝火不能为日月之明，瓦釜不能为金石之声，潢污不能为江海之涛澜，犬羊不能为虎豹之炳蔚。而或谓庸人能以浮文眩世，乌有此理也哉！"这些都说明文章的优劣、高下、品格均与作者的德性、修养有密切关联。

中国传统文学批评因为重视作家的人品，所以贬斥那些道德有疵的作家的作品。明代宋濂的《文说赠王生黼》说："身之不修，而欲修其辞，心之

---

① 关于苏轼诗文风格的演变参见王水照选注：《苏轼选集》，上海古籍出版社 2014 年版，前言第1-15 页。

② 余光中：《余光中集（第八卷）》，百花文艺出版社 2004 年版，第 5 页。

不和，而欲和其声，是犹击破缶而求合乎宫商，吹折苇而冀同乎有虞氏之节韶也，决不可致矣。"刘勰的《文心雕龙·程器》中对司马相如、扬雄等作家的"瑕累"予以讥评，朱熹因为扬雄曾奉事王莽而贬低其作品。刘熙载在《诗概》中提出"诗品出于人品"，王国维在《静庵文集续编·文学小言》中说："无高尚伟大之人格，而有高尚伟大之文学者，殆未之有也。"①

> 引导学生理解作者的人格与其作品风格之间关系的复杂性，避免简单、肤浅地将道德评价与作品分析直接关联起来。

文学要表现美，而美以真和善为基础。文学作品是作家情意的体现，作家的人格、道德有瑕疵，自然会让读者怀疑其作品的真诚，这就像一个人无论能力多强，如果其道德有瑕疵都不宜做公务员。用文学邀功请赏、追名逐利、讨好谄媚、为政治服务，这玷污了文学，让人失望和厌恶，当然应受到批评。因此，只要我们承认"知人论世"对文学赏析是必要的，将作品与作者关联起来就是必然的，因作者的人格和道德瑕疵而折损作品的光芒与审美价值，这是无法避免的遗憾。

需要指出的是，文学赏析中的道德判断不能简单化，也不能将作品与人品进行绝对的关联。例如，潘岳与陆机都是晋代太康文学的经典代表，被称为"陆才如海，潘才如江"。潘岳的《藉田赋》《西征赋》《闲居赋》都是经典之作。特别是《闲居赋》，描写了对于闲居的向往与闲适的乐趣，影响很大，在当时就是经典作品，但是到了宋元以后却受到质疑。元代大诗人元好问在《论诗绝句·之六》云："心画心声总失真，文章宁复见为人？高情千古《闲居赋》，争信安仁拜路尘！"这是在批评、讽刺潘岳做人做诗的二重性格。据史书记载，潘岳"性轻躁，趋势利"，甚至会在路边拜倒在权贵贾谧的车尘之下。作为教师，如何引导学生理解《闲居赋》的情感，又如何理解元好问的诘问？对此，吴承学有一段评论：②

政治历来是残酷的，而潘岳所处的是政治黑暗混乱的时代，当时的政

---

① 李建中主编：《中国文学批评史》，北京大学出版社 2009 年版，第 14-15 页。
② 吴承学等：《中国古代文学的经典与反经典》，《文史哲》2010 年第 2 期，第 5-16 页。

坛中，其实并没有什么正义、非正义之分，只有权势才是决定一切的，所以潘岳想投靠当时的权贵贾谧。潘岳一生都是在政治的漩涡中挣扎，最后身首异处，他本人就是政治的牺牲品。他既是功利心很强之人，同时，处于政治斗争之中，对于政治的残酷深有感触，由此产生一些隐退的想法并不奇怪。就《闲居赋》而言，其中的感情未必就是虚假的。一个喜欢钻营的人，未必就不喜欢闲适的日子。从现代意识来看，人性是丰富与复杂的，很难用好人坏人这样简单地分类。人在不同的时间、地点，不同的环境，会有不同的想法，也许是矛盾的，但却可能是真实的……因此，在现代意识的审视下，《闲居赋》主要是反映出潘岳作为人的丰富性与复杂性，而不是假伪性，元好问对于《闲居赋》的批评反而显得简单化了。

由此例可见，将文学赏析与作者的人品和道德关联需要考虑以下几个问题：第一，世界上没有道德完美的人；第二，在不同的时间、不同的情境中一个人可能有不同的道德表现；第三，道德评价的标准是动态的，与评价的立场有关，有一定的相对性和模糊性；第四，有些作品与道德评价关联较大，而有些作品与道德评价几乎没有关联。沈德潜在《古诗源》中评价潘岳："人品如此，诗安得佳，潘陆诗如剪彩为花，绝少生韵。"因为对潘岳人品的质疑，《古诗源》中一首潘的作品都没有选，因为一个人某时、某地的某个道德瑕疵而完全排斥其作品乃意气之举。

文体与风格

前面"文字分析"中的"适切"部分呈现了沈从文的一个演讲，文字表现凌厉疾重，与其醇厚温婉的小说风格形成极鲜明的差异。演讲与小说这两种文体的目的不同、内容不同、形式不同，这是造成二者风格差异的一个重要原因，分析作品风格应当关注文体自身的性质。例如，巴尔扎克在他的小说《欧也妮·葛朗台》中写下这么一段话：

大凡守财奴都不信来世，对于他们来说，现世就是一切。这种思想给金钱统帅法律、控制政治和左右风尚的现今这个时代，投下了一束可怕的光芒。金钱驾驭一切的现象在眼下比任何时代都有过之无不及。机构，书籍，人和学说，一切都合伙破坏对来世的信仰，破坏这一千八百年以来的社会大厦赖以支撑的基础。……以正当和不正当手段，在现世就登上穷奢极欲和繁华享用的天堂，为了占有转眼即逝的财富，不惜化心肝为铁石，磨砺血肉之躯，就像殉道者为了永恒的幸福不惜终生受难一样，如今这已成为普遍的追求！这样的思想到处写遍，甚至写进法律。法律并不质问立法者"你怎么想"，而是问"你付多少钱"，等到这类学说一旦由资产阶级传布到平民百姓当中之后，国家将变成什么样子？

这样的语言完全不是小说的风格而更像演讲，小说中出现这样的语言非常奇怪，就像一出戏正演得好好的，作者突然跳到台上把演员拨开，对着观众发表一番演讲，讲完了又让演员接着演。小说的作者通过小说中人物的语言、表情、动作、心理活动等表情达意，作者不能直接跳到前台来。因此，不同的文体有自己独特的创作规律和表情达意的方法，这使得文本风格与文体存在关联。陆机在《文赋》中说："诗缘情而绮靡，赋体物而浏亮，碑披文以相质，诔缠绵而凄怆，铭博约而温润，箴顿挫而清壮，颂优游以彬蔚，论精微而朗畅，奏平彻以闲雅，说炜晔而谲诳。"曹丕在《典论·论文》中说："奏议宜雅，书论宜理，铭诔尚实，诗赋欲丽。"这些说法都提示，感悟文本风格不可忽视文体这一因素。

中国人凡事皆讲究"得体"，在文学上则强调"以文体为先"，上述沈从文的演讲呈现与小说不同的风格可谓得体，即抓住了演讲的根本，遵循了不同文体表情达意的规律。历代学人不断强调文章要得体："文章以体制为先"（宋王应麟《玉海》），"先体制而后工拙"（宋王正德《馀师录》），"文章

> 引导学生思考：文体与风格存在对应关系吗？

自有体裁，凡为某体，务须寻其本色，庶几当行"，"诗与文迥然不类，文尚典实，诗尚清空；诗主风神，文先道理"（《诗薮》）。《文心雕龙》在每篇终篇之处往往综合概括所论文体，如《明诗》，"若夫四言正体，则雅润为本"，《铨赋》，"丽词雅义，符采相胜……此立赋之大体也"，《颂赞》，"原夫颂惟典懿，辞必清铄……其大体所底，如斯而已"，等等。

把握不同文体的风格一定要了解文体发生发展的背景。文本风格在相当程度上反映了不同文体的功能，相应地，某种文体独特的表情达意的功能使其能够独立和发展，并最终形成稳定和鲜明的风格。以词这种文体为例，叶嘉莹指出：[1]

"诗"与"词"二种不同的文学体式，本来就具有着不同的特性。"诗"在很早就已经形成了以"言志"为主的传统，而且往往在诗题中便已经把内容主旨作了明白的提示。……而"词"这种体式，在初起时却只是在歌筵酒席间供人演唱的艳歌，当时的作者并未曾将"词"纳入于可以与"诗"并列的"言志"的传统之中。……可是，有一件值得注意的有趣的事，那就是唯其因为"词"之写作，在早期词人的意识中，并不需存有"言志"的用意，所以有一些作者却反而在这种并不严肃的文学形式中，偶然无意地留下了他们自己心灵中一些感发生命的最窈妙幽微的活动的痕迹，这种痕迹常是一位作者最深隐也最真诚的心灵品质的流露，因此也就往往更具有一种感发潜力。

> 基于文学史了解某个文体的起源与发展，从"应运而生"的视角对文体进行风格分析非常必要。

这段话说明，词的风格的确立与其发生、发展的背景分不开。也正是因为具有了这种独特而颇具审美意味的风格，"词"遂成为可以与"诗"分庭抗礼、不仅足以言志而且可以传达"贤人君

---

[1] 叶嘉莹：《迦陵文集（四）》，河北教育出版社1997年版，序第11页。

子幽约怨徘之情"的一种精美的文学形式。①

文体与风格的关系是复杂的。仍以词为例,《四库全书总目》卷二百《宋名家词提要》中说:"词萌于唐,而盛于宋。当时伎乐,惟以是为歌曲。而士大夫亦多知音律,如今日之用南北曲也。金元以后,院本杂剧盛,而歌词之法失传。然音节婉转,较诗易于言情,故好之者终不绝也。于是音律之事,变为吟咏之事,词遂为文章之一种。"这不仅说明了词的源流,而且说明词的主要作用在于言情。正因为如此,这种文体与诗言志的雅正风格迥然有别。卷一九八《乐章集》解释柳永词家弦户诵的原因说:"盖词本管弦冶荡之音,而永所作旖旎近情,故使人易入。"说明柳永词的风格"旖旎近情""使人易入"。卷二百《四香楼词钞》说:"大抵宗法周、柳,犹得词家正声……"卷一九八《东坡词》说:"词自晚唐、五代以来,以清切婉丽为宗。至柳永而一变,如诗家之有白居易;至轼而又一变,如诗家之有韩愈,遂开南宋辛弃疾等一派。寻源溯流,不能不谓之别格,然谓之不工则不可。故至今日,尚与《花间》一派并行而不能偏废。"同卷《稼轩词》说:"其词慷慨纵横,有不可一世之概,于倚声家为变调。而异军特起,能于剪红刻翠之外,屹然别立一宗,迄今不废。"②

上面这些材料包含了多个方面的意思,显示了文体与风格关系的复杂性:第一,词与诗因文体不同而风格不同;第二,柳永词的风格"旖旎近情",此为词之正声,是词最典型的风格;第三,词本身的风格有多种,也在不断发展变化,形成所谓"别格"。

与柳永的"今宵酒醒何处?杨柳岸,晓风残月"柔情婉约的风格相比,苏轼的"大江东去,浪淘尽,千古风流人物"是比较典型的豪放抒怀的风格,二者显现较大的差异。同时,苏轼也有温情清丽风格的词,如《蝶恋花·春景》:

---

① 叶嘉莹:《迦陵文集(四)》,河北教育出版社 1997 年版,第 6 页。
② 参见吴承学:《中国古代文体学研究》,人民出版社 2011 年版,第 433-434 页。

花褪残红青杏小。燕子飞时，绿水人家绕。枝上柳绵吹又少。天涯何处无芳草！

墙里秋千墙外道。墙外行人，墙里佳人笑。笑渐不闻声渐悄。多情却被无情恼。

而柳永的词也并非一味旖旎缠绵，他也有沉郁托志的词，如《八声甘州·对潇潇暮雨洒江天》：

对潇潇暮雨洒江天，一番洗清秋。渐霜风凄紧，关河冷落，残照当楼。是处红衰翠减，苒苒物华休。惟有长江水，无语东流。

不忍登高临远，望故乡渺邈，归思难收。叹年来踪迹，何事苦淹留？想佳人、妆楼颙望，误几回、天际识归舟？争知我，倚栏杆处，正恁凝愁？

笔者查阅了大量苏轼的诗，想要找到一首与《念奴娇·赤壁怀古》或《江城子·密州出猎》风格极近的诗还是比较困难的。这首《和子由渑池怀旧》是苏轼诗中比较少见的深沉感怀的作品：

> 文体与风格的关系是复杂的，总的说来要考虑文体自身的演变与作者个人特质这两个因素的交互作用。

人生到处知何似，应似飞鸿踏雪泥。
泥上偶然留指爪，鸿飞那复计东西。
老僧已死成新塔，坏壁无由见旧题。
往日崎岖还记否，路长人困蹇驴嘶。

我们仍然能感到这首诗的风格与苏轼典型的词的豪放风格不同，这很有可能就是由诗与词这两种文体自身的差异所决定的。诗有较严格的音律规制，如平平仄仄平平仄，仄仄平平仄仄平，不管其内容怎样，因声求气，它的音律已经直接给人某种感发。当词出现了长调以后，它的音律与诗有了较大差异，相对来说比诗更婉转、更多起伏，能负荷更细腻复杂的情意。清人笔记曾载一则趣事，说清代学者纪昀在扇面上题写了王之涣的一首七绝，原诗是："黄河远上白云间,一片孤城万仞山。羌笛何须怨杨柳？春风不度玉门关。"纪氏漏写了首句最后的"间"字。当有人指出其失误时,纪氏戏谓其所写原非七绝,而为长短句之词,于是重加标点,读作"黄河远上,白云一片。孤城万仞山。羌笛何须怨？杨柳春风,不度玉门关"。从内容上看二者描写相同的景色,但因其句式不同,在情意表达上,原诗苍凉慷慨,悲而不失其壮,改后的长短句则显现曲折婉叹的况味。相较而言,词比诗更自由,表情达意的两极性更明显。因此,苏轼要想表达激越之情、豪迈之意,可能用词这种文体更得心应手。诗和词就像用两种不同的表情达意的工具,由于工具本身的不同,表情达意的风格也往往有差异,打个比方,就像苏轼写诗时用的是美声唱法,而写词时用的是流行唱法。

不仅是词,每种文体都是"应运而生"的,对于其他文体,同样要从历史的角度出发,引导学生理解文体发生、发展、演变的原因和条件,在此基础上分析这种文体与其风格有怎样的关联,这有助于学生了解该文体独特的表情达意的功能及核心特质,更好地感悟该文体的审美意味。

需要指出的是,文体与作品风格关系密切,但文体并不直接决定文本风格。童庆炳认为,作家的创作个性及对某种语体的自由运用,对于风格的形成才有决定性的意义。例如,正是作家的创作个性渗透于"清丽"的语体中,才会产生带有不同个性印痕的"清丽",例如曹植的"清丽",谢灵运的"清丽",陶渊明的"清丽",这才是作为风格的"清丽"。①

清人薛雪在《一瓢诗话》中说:

> 诗有品格之格,体格之格。体格一定之章程,品格自然之高迈。品高虽被绿蓑青笠,如立万仞之峰,俯视一切；品低即拖绅搢笏,趋走红尘,适足以夸耀乡闾而已。所以品格之格与体格之格,不可同日而语。

> "作家的创作个性及对某种语体的自由运用,对于风格的形成才有决定性的意义。"以具体文本为例引导学生理解这句话。

---

① 童庆炳:《童庆炳谈文心雕龙》,河南大学出版社 2008 年版,第 55、59 页。

童庆炳认为这是非常有见地的话。如果一个诗人仅仅达到能按体裁选择与之匹配的语体的水平，而不能赋予语体以独特的生命和灵魂，这最多能成为一个规矩的、不坏的作品。"品格的格"是指诗人在遵守了"体格一定之章程"的同时，凭着自己的灵性和审美情趣给某种语体以富有艺术魅力的点染，这样的作品才是有风格的作品。这呼应了我们前面谈到的风格的基本定义——不仅要独特，更重要的是要有品格，也与前述创作技法分析中的观点契合——一个好的作品一定不是技法的套用而需要整合与创新技法。

附录1

一个不是教案的理想教案

河北省廊坊市第十二中学教师于金鹏[1]在网上发表了一篇文章——《也说＜静夜思＞——兼与鹰之先生商榷》[2]，下面是文章的主要内容：

在《耐心答博友（二）》中，鹰之[3]说："若非要在简单和复杂之间做一个取舍，作为诗人我只能选择'复杂'……有人也许会说，那李白的'床前明月光'多简单呀，还有哪首诗比它更有名呀！那我只能说这种观点实在太幼稚了，这首诗能力压《春江花月夜》《秋兴八首》等"复杂"的名篇，遮蔽《登幽州台歌》《敕勒歌》等"简单"的名篇，恐怕一大半功劳归功于人民对大诗人李白的爱屋及乌。"

不能因为李白写过《蜀道难》《梦游天姥吟留别》，而《静夜思》又显得相对"简单"，就推断后者是沾前两者的光而流传下来的。原因在于，有些名篇其实也和《静夜思》一样"简单"，但他们的作者并没有"复杂"的名篇存世。比如孟浩然的《春晓》、王之涣的《登鹳雀楼》。而且，李杜齐名，可杜甫的绝句，从宋至清，就饱受批评。偶尔有人说好，结果，连说好的人，都受到了批评！"少陵绝句，少唱叹之音"（清·沈德潜《唐诗别裁·凡

---

① 根据"豆瓣"名片，于金鹏 2012 年 4 月 4 号加入豆瓣，登记的身份是河北省廊坊市第十二中学教师。

② https://www.douban.com/group/topic/39213281/，2013 年 5 月 12 号发表。

③ 民间诗歌理论家。

例》）；"少陵绝句，《逢李龟年》一首而外，皆不能工，正不必曲为之说"。（清·管世铭《读雪山房唐诗》）以杜甫"诗圣"的地位，不能保证他的绝句受称赞——诗评家并不轻易"爱屋及乌"！

对于《静夜思》一诗，古人又是如何评价的呢？明代大学者、大诗论家胡应麟在《诗薮》中说："太白五言，如《静夜思》《玉阶怨》等，妙绝古今。"这恐怕不是一句"爱屋及乌"能够打发的。胡不是李白的粉丝，也就不存在"爱屋及乌"的问题！因为在同一书中，就有对李白的批评。比如他说李白《独坐敬亭山》的后两句"太分晓"，说李白的《观胡人吹笛》是"骈拇枝指"！由此可见，胡应麟对《静夜思》的推崇，绝非一时兴到之言！

《静夜思》是一首五言绝句。对于五绝，古人有他们自己的说法。"绝句之法，要婉曲回环，删芜就简，句绝而意不绝。"（元·杨载《诗法家数》）这是泛论绝句的。"五言绝句……就一意中圆净成章，字外含远神，以使人思。"（清·王夫之《姜斋诗话》）这是专谈五绝的。既是"删芜就简""就一意中圆净成章"，当然也就只能是"简单"。但这仅是从字面上说的。至于内涵与外延上（司空图所谓"韵外之致""味外之旨""象外之象"），则未必如表面上那样"简单"，尤其是那些经典之作！因为它们"句绝而意不绝"，"字外含远神"，从而能够"使人思"！假如不了解这些，对古人在诗歌鉴赏方面的某些论断，就会不明就里，而对于古人在绝句，尤其是五绝写作上的畏难情绪，更会莫名其妙。例如，明代王世贞说："绝句故自难，五言尤甚。离首即尾，离尾即首，而腰腹亦自不可少。妙在愈小而大，愈促而缓。"（《艺苑卮言》）清代潘德舆说："七言绝句，易作难精……五言绝句，古隽尤难。搁管半生，望之生畏。"（《养一斋诗话》）清代施补华说："五绝只二十字，最为难工，必语短意长而声不促，方为佳唱。"（《岘佣说诗》）"愈小而大""语短意长"是从境界上说的；"愈促而缓""声不促"是从节奏上说的。明白了这两点，再去品味《静夜思》，我们的感觉自会有所不同！

面对这首诗，我首先想到的，是南朝梁代吴均描写富春江水的一句话："千丈见底。"（《与朱元思书》）即使水深"千丈"，仍可清澈"见底"；纵令清澈"见底"，无碍水深"千丈"！纯度与深度，有时并无抵牾。然而，唐代诗人储光羲又说："潭清疑水浅。"（《钓鱼湾》）钓鱼湾的水并不"浅"，那么，为什么会遭"疑"呢？原因在于"清"，这潭水，实在是太清澈了！具体到《静夜思》一诗，我想，它之所以被人看得"简单"，也许是因为太清、太纯了吧？

先看通行本：

床前明月光，疑是地上霜。举头望明月，低头思故乡。

节奏上的流畅、圆浑与从容，是显而易见的，读者静心吟味，自然会有感觉。我个人的感受是，入口即化，齿颊留香。不像某些新诗名作，仿佛甘蔗，不能说不爽口，而嚼过之后，却渣滓满嘴，吐之为快也。《静夜思》还有另一个版本。少时，曾翻阅一本美术教材，书中有八大山人的一幅画，画上题着这首诗，我到现在还记得：

床前看月光，疑是地上霜。举头望山月，低头思故乡。

字句与通行本并无大的出入。只是第一句的"看月光"，通行本写作"明月光"；第三句"望山月"，通行本写作"望明月"。乍看似乎没什么，细加品味则不然：这两处不同，在表意上已是判然有别（下文会有所涉及），在音韵上也有精粗之分。这里只说后者。通行本中，"明月"二字的反复出现，造成了一种韵律上的复沓、回环之美！这是非通行本所不及的。读者诸君只要品味过王维的《鸟鸣涧》和元稹的《行宫》，当知予言不谬！"文须字字作，亦要字字读。咀嚼有余味，百过良未足。"（金·元好问《与张仲杰郎中论文》）对于那些大块文章的主体部分，也许不必如此，对于《静夜思》这类经典小诗，字字而读，咀嚼百遍，应该还是必要而值得的。

下面从"组织"上谈谈这首诗。

先看题目"思"是中心词，"静夜"是定语。"静夜"两个字，是时间，是环境，也是氛围。游子的乡思，由此漾开！（《唐诗三百首》题作《夜思》，简则简矣，韵味似乎少了）再看第二句。"疑是地上霜"。说"疑"，显见是错觉。有人说，"霜"字是暗点季节，说明是在秋季。我以为有刻意追索之嫌。就如沈德潜在《说诗晬语》中所批评的，是将"水月镜花"变成了"粘皮带骨"！所以，还是不要坐实的好。而"霜"这一意象，却值得玩味。尽管是错觉，是子虚乌有，但它毕竟在诗中出现了。它的出现，无疑造成了一种清冷之感。诗的氛围是清冷的，抒情主人公的情思是清冷的，吟咏者的心境也随之清冷了！阒寂与清冷就这样叠加、交融在一起！诗中的主人公就是在这样一个阒寂、清冷的夜里，举头望月，低头思乡的！最后，来看末一句"低头思故乡"，这个主人公想到了什么？没有说，留给吟咏者自己去想象——"计白当黑""不写之写"！

从"情节"上看，因见月光，而生错觉，而举头望月，而低头凝思……一线贯串，无枝蔓，无跳跃，层次井然，从容不迫！（曹聚仁先生曾谈道，鲁迅先生在自己的小说中，最喜欢《孔乙己》，因为"写得从容不迫"！这从容不迫，正是文学创作中一种极高的境界！）

从格调上看，这诗也很大气！清夜阒寂，望月怀乡，空间恢宏廓大；低头凝思，一往情深，意蕴耐人寻味！

最妙的是抒情主体的含混！诗中的主人公，是男，是女？是老，是少？是贫，是富？……一概是未知数！唯其如此，每一个游子，甚至同一个人在不同的时段，都可以将自己"代"入其中，吟味不已。（这里仍不得不提到另一个版本。"举头望山月"之所以不如"……望明月"，不仅在于"山月"一词，较"明月"为偏僻，给读者的印象也比"明月"暗淡，更在于，它将诗歌所能提供的空间限定得狭窄了。）

按照接受美学的观点，一切作品都是半成品，最终是由读者与作者共同完成的。《静夜思》的卓绝处即在于此：情感的节制，结尾的留白，抒情主体的含混……这为读者的参与提供了无限的可能！我之佩服李白，不仅因为他写出了《蜀道难》《梦游天姥吟留别》，还因为他写出了《静夜思》和《玉阶怨》！既能"飞扬跋扈"（杜甫《赠李白》)、波谲云诡，又能曼妙空灵、霁月光风……真不愧是大诗人啊！不禁联想到南宋许顗《彦周诗话》中的一段话："诗有力量，犹如弓之斗力：其未挽时，不知其难也；及其挽之，力不及处，分寸不可强。"《静夜思》一诗，应该也是如此吧！

（原文有删节）

这不是一个教案，但这些文字却显现它完全具备转化成一个优秀教案的可能性。

当前很多教案存在的问题就是"花样"太多！为什么"花样"多？因为没有于老师这样的真实力、硬功夫！

于老师的这篇文章就是典型的作品"艺术分析"，包括《静夜思》美在哪里、为什么这么美。从中我们能看到于老师的功底多么深厚、视野多么开阔，文章蕴含了大量文学理论、文学批评的知识与素材。

也许有的老师会说："这些内容又不考，教了有啥用？"一个教师自甘成为应试机器，如果不为此感到矛盾和痛苦，好像也不是多糟糕的事情。但是，这苦了学生，也亏了自己一生为师的年华与抱负。

也许有的老师会说："弄这么复杂，学生接受得了吗？"我想说的是，在问学生能不能接受之前，先问问我们自己有没有这样的知识储备和见地，如果学生能接受，我们就能备出这样的课吗？退一步说，如果我们不能备出这样的课，我们又怎么知道学生能不能接受呢？

于老师的文章在回答任何一个学生都有可能提出的问题："《静夜思》看起来这么简单，有什么好？"如果我们被学生问到这样的问题，我们该作何回答呢？不要小看这样的回答，这关系到学生能获得多少启悟，能生发多少美感。高水平的回答与讲解也许就会让更多的学生亲近诗歌、亲近文学，这难道不是功德无量吗？

于老师写这样一篇文章要花不少心力，也许有很多教师选择把这份力气花在写论文、搞赛课、评职称上，我无意比较二者高下，但我想请读者体会：于老师写下这些文字时所感受的充实与快乐，这快乐也许正如王国维所说"决非南面王之所能易者也"。（见本书前言）教学是教师生命的一部分，这不应是一个不断付出和损耗的过程，教学不只是成就学生，也是教师的自我成就。我们和于老师一样多读书、多积累、多思考，不断精进①，让自己的教学生涯更光辉吧！

---

① 有关教师读书的建议参见赵希斌：《重塑课堂》，华东师范大学出版社 2015 年版，第 169-189 页。

附录2

阅读教学中的艺术分析

下表列举了阅读教学中有关文本艺术分析的教学活动、教学要求和典型问题，我们将本书内容与这些教学活动对应起来，供教师更有针对性地利用本书相关内容以优化对文本艺术分析的教与学。

本书内容		教学活动、教学要求、典型问题
美感分析	听觉快感	带着感情朗读课文，说一说哪些字、句读起来让你感动？ 这几个字（这几句话）应该怎么读才能表达作者的情感？ 这个作品哪些地方读起来让你觉得很舒服？
	精神愉悦	这个作品给你怎样的感动，让你懂得怎样的道理？
	心灵快慰	这个作品给你怎样的人生启示（在哪些方面改变了我们对世界的看法）？
情感分析	真诚	这个作品最感动你的地方是什么，为什么？ 这句话作者要表达怎样的思想情感？ 通过这些背景材料，你是否更理解作者要表达的情意？
	深刻	作者表达的这份情感隽永、深刻，感动了世世代代的人们，为什么？ 这个作品具体情感背后更高远、更深刻的情感内涵是什么？
	韵味	作者的言下之意、言外之意是什么？ 这段话（这句话）表达了怎样精微细腻的情感？

本书内容		教学活动、教学要求、典型问题
形象分析	传神	××是个怎样的人（××这个形象有什么特点），从哪里能看出来？
		这个形象让你（感动、觉得有趣、印象深刻）的地方是什么？
	典型	作品塑造的这个形象在生活中的原型是怎样的？其核心特征是什么？
	独特	这个文学形象与众不同的特点是什么？
		这两个作品刻画了相似的形象，比较二者的异同。
文字分析	准确生动	这个字用得好在哪里？可以被××替代吗？
		这句话表达了作者怎样的情意？用了怎样的表达技巧？为何让人感动？
	适切	这几句话（这一段话）在整篇文章中的作用是什么？
		这几句话（这几段话）之间的关系是什么，表达的内容和情感是否协调，有没有别扭的感觉？
	修辞	作者用了哪些修辞方法，起到了怎样的作用？
谋篇分析	主题与题材	这个作品的主题是什么，属于哪个母题，这个母题的动人之处在哪里，还有哪些作品表现了相同的母题？
		这个作品的题材属于哪种类型，还有哪些作品使用了类似的题材？
	素材与结构	作者通过哪些素材表现文章主题？这些素材用得好在哪里？
		这个作品的各个情节（描写）是否合理，它们之间的关系是否合乎逻辑？
		谈谈你对这个情节（描写）的看法，作者为什么这么写？如果换一种写法——如这样写呢？
	技法与策略	作者用了哪些写作技法，起到了怎样的作用？
		这个作品的写作技法在以前学的哪些作品中出现过？对此技法进行分析。

本书内容		教学活动、教学要求、典型问题
风格分析	风格的内涵	这个作品有什么独特之处？你喜欢吗？为什么？ （列举多个作者的作品）你更喜欢哪个作者的作品，为什么？ 这个作品被评价为××（某种风格），说说你对这种风格的理解；与此相对的风格是什么，请举例说明。
	作者与风格	这个作品显示了作者的典型风格，结合该作者其他作品说说你对这种风格的感受和理解。 基于作者的生活环境、经历、个性等背景资料，谈谈你对作者作品风格的理解。 这些作品分别是××在不同时期写的，其风格有怎样的变化？为什么会出现这样的变化？
	文体与风格	这些分别是××不同文体的作品，其风格有哪些异同？分析文体对作品风格的影响。

后　记

　　写作这本书花了整整两年的时间。写作过程中我将删掉的文字放在另一个文本中，这个"备用"文本已有七万多字，是这本书字数的一半。这个过程是辛苦的，充满了怀疑、惶惑、焦躁，但在书稿完成的那一刻，我知道这一切都值得！

　　大专学自动化、硕士阶段学普通心理学、博士阶段参与课程改革的项目，直至2013年写《正本清源教语文——文本的内容分析策略》之前，我都没有想过自己会做语文教学的研究。我在中学阶段曾与文学结缘，这缘分一直持续到我二十八岁研究生毕业，这期间我阅读了大量文学作品。此后我与文学渐渐远离，直到七八年前在做学业质量监测项目时，我的同事对我说："你很像搞文科的。"当时听了这句话我有点不太高兴，这似乎是在贬低我的工作能力。现在我明白，她很敏感、看得很准，那十几年的文学阅读已经将一种美好的东西永远置于我的生命中。这几年系统阅读了很多文学经典、文学理论，我时常会很感动——感谢命运的安排，让我与文学又重新相遇！这本书可以看作是一个告白——告诉语文老师，能学习文学专业、能教语文是一件多幸福的事！告诉学生，徜徉在文学中的日子是多么美好！

　　这几年的写作不仅是在完成一项工作，对我来说更是自我认识、自我更新。知识技能的学习朝向肉体生存，追求真知朝向心智发展，亲近宗教与艺术朝向心灵自由，非常幸运，能在不惑之年在文学艺术中给心灵找到一个栖息的地方。近年推掉了一切不必要的讲座，也不申请、参与任何项目与课题，学会扔掉各种浮华的欲望，如庄子所说像一棵痈木安然居于无有之乡、广漠之野，这样的生活真是清澈和明亮！

　　谢谢我的爱人，像一片宽阔的海，永远包容、消解我的躁动与冲突，让我知道即使失去一切，这一生因为遇到你我都好幸运！谢谢我的父母、兄嫂，一个宁静的港湾，永远让我感受最安稳的怀抱。

感谢我任职的北京师范大学教育学部。为了保持充分自由的工作状态，我在机构调整时没有选择到新单位工作，至今长达一年的时间我的人事隶属关系没有最终确定。学部在我工作量达标的前提下毫无障碍地让我通过年度考核及五年续聘，这显现了一所大学的气度，以及对一个教学科研工作人员基本的信任和尊重！正是在学部的这六年，我出版了七本专著，相信在这自由宽容的环境中我会有更多的成果回报学部的厚待。

谢谢华东师范大学出版社的编辑任红瑚女士，经过几本书的出版合作，大厦书系编辑的敬业与专业给我留下深刻印象，由她任本书的编辑是让我最安心的选择。

赵希斌

图书在版编目（CIP）数据

返璞归真教语文：文本的艺术分析/赵希斌著.—上海：
华东师范大学出版社，2016
ISBN 978 - 7 - 5675 - 5705 - 5

Ⅰ.①返 ... Ⅱ.①赵 ... Ⅲ.①语文教学—教学研究 Ⅳ.① H19

中国版本图书馆 CIP 数据核字（2016）第 223759 号

大夏书系·语文之道

返璞归真教语文：文本的艺术分析

著　　者　　赵希斌
策划编辑　　任红瑚
审读编辑　　齐凤楠
封面设计　　淡晓库

出版发行　　华东师范大学出版社
社　　址　　上海市中山北路 3663 号　邮编　200062
网　　址　　www.ecnupress.com.cn
电　　话　　021‑60821666　行政传真　021‑62572105
客服电话　　021‑62865537
邮购电话　　021‑62869887　地址　上海市中山北路 3663 号华东师范大学校内先锋路口
网　　店　　http://hdsdcbs.tmall.com/

印　刷　者　　北京密兴印刷有限公司
开　　本　　700×1000　16 开
插　　页　　1
印　　张　　13.5
字　　数　　185 千字
版　　次　　2016 年 10 月第一版
印　　次　　2016 年 10 月第一次
印　　数　　6 100
书　　号　　ISBN 978‑7‑5675‑5705‑5/G·9831
定　　价　　35.00 元

出　版　人　　王　焰

（如发现本版图书有印订质量问题，请寄回本社市场部调换或电话 021‑62865537 联系）